新异心理
亲子赋能心理

彭梨花　李新异　著

亲子心理探秘

——21天看得见的变化

SPM 南方传媒
全国优秀出版社
全国百佳图书出版单位
广东教育出版社
·广州·

图书在版编目（CIP）数据

亲子心理探秘：21天看得见的变化 / 彭梨花，李新昪著. — 广州：广东教育出版社，2025.1
ISBN 978-7-5548-5925-4

Ⅰ.①亲… Ⅱ.①彭… ②李… Ⅲ.①家庭教育—教育心理学 Ⅳ.①G780

中国国家版本馆CIP数据核字（2024）第007932号

亲子心理探秘——21天看得见的变化
QINZI XINLI TANMI — 21 TIAN KANDEJIAN DE BIANHUA

出 版 人：朱文清
策划编辑：吴毛孜　巢　琳
责任编辑：巢　琳
责任技编：吴华莲
装帧设计：邓君豪
责任校对：邓丽藤
出版发行：广东教育出版社
　　　　　（广州市环市东路472号12—15楼　邮政编码：510075）
销售热线：020-87772438
网　　址：http://www.gjs.cn
邮　　箱：gjs-quality@nfcb.com.cn
发　　行：广东新华发行集团股份有限公司
印　　刷：佛山市浩文彩色印刷有限公司
　　　　　（佛山市南海区狮山科技工业园A区）
规　　格：787 mm×1092 mm　1/16
印　　张：15.5
字　　数：31千
版　　次：2025年1月第1版
　　　　　2025年1月第1次印刷
定　　价：62.00元

如发现因印装质量问题影响阅读，请与本社联系调换（电话：020-87613102）

序一

家庭教育立法了，你准备好了吗？

是的，家庭教育立法，意味着国家高度重视家庭教育，将原来的"家事"，提升到"国事"的地位。可是，中国自古就有"家家有本难念的经"之说，对于现代社会日益复杂的人际关系而言，那就更是难上加难。近年来，离婚率偏高，抑郁症患者越来越趋向于低龄化，亲、师、生的关系也变得敏感，等等，这些都给家庭教育带来更多新的挑战。所以，国家提倡"家校社"共育。要做到这一点，我认为首先家长必须先学习"自救"，如果人人都提早做好"心理保健"，就不需要等到出现大问题后再找咨询师做"危机干预"了。

为什么很多只针对孩子的心理咨询很难根治？那是因为家长看到的孩子不好，其实是家长的心理出现焦虑不安，孩子只是家长内心的投射，是家长的"复印件"，咨询师应该在"原件"下功夫才对。我们也可以试着换一个方式去理解，在家族中，每个孩子就如一棵小树苗，家长是园丁，家庭关系是土壤。要让孩子心理健康，家长就要提高对孩子心理的认知，提升家庭教育技能，做好园丁这个角色，给孩子提供家庭幸福的土壤，这是健康的亲子心理关系的基础建设。本书正是借解读孩子呈现的问题，去修复家长成长过程中自身卡点的好机会，让更多人走上学会经营幸福家庭之路。

彭梨花老师是一位经验丰富的咨询师督导。她基于带领大家学习李新异老师的视频网课"心理能量"的亲子篇和情感篇的视角，结合长期的一线咨询经验，发现很多心理问题都是一代一代复制下来的。如果不从家长的源头解决，则难以根治孩子的问题。于是，她就"亲子心理"为主题，将李新异老师视频网课的精髓、咨询案例和个人实践心得编辑成书，希望给家长、心理咨询师、家庭教育从业者提供一些借鉴。

本书分为四个部分：常识篇、问题篇、方法篇和成长篇。在常识篇中，作者借用案例分析，深入探讨了孩子的天性、需求和成长过程中的心理变化；问题篇则剖析了亲子关系中常见的问题，例如父母的"巨婴"心理现象、亲子双方的防御机制以及痛苦的根源；而方法篇为家长们提供了实用的解决方案，包括如何识别和应对负能量、平复负面情绪、体察孩子的内心需要以及升级亲子关系等；成长篇就着重讲解先解决家长与自己父母的亲子问题，然后解决与自己孩子的亲子问题。

亲爱的读者，当你翻开这本书的时候，我相信你已经准备好踏上一个为期21天的旅程，经历一场关于亲子关系的心灵探险。在这个旅程中，你将不断学习、反思、成长，与孩子共同进步。你会发现，原来改变就在一念之间，就在这21天的坚持与付出之中。当你用心去关爱孩子、理解孩子时，你会发现，他们也在悄然发生着变化，变得更加懂事、自信、乐观。

在这21天的旅程中，你将学会：倾听孩子的心声，学会与孩子建立心灵沟通；言传身教做孩子的榜样，鼓励孩子勇敢实现梦想；学会放手让孩子自然成长，调整心态成为更好的父母；了解孩子的成长规律，提高亲子关系的默契度，帮助孩子成为独一无二的自己；平衡好工作与家庭，教导孩子关爱他人，建立亲子间的信任；学会赞美和鼓励，培养孩子的团队精神；知道陪伴是给孩子最好的礼物，注重家庭教育与学校教育的衔接；培养孩子的责任感，激发孩子的学习兴趣，习惯亲子共读，拓宽视野，巩固亲子关系，让爱持续升温。

这本书不仅是你心灵的指引，更是你与孩子共同成长的见证。在未来的日子里，愿你在亲子关系的道路上越走越顺畅，和孩子一起书写美好的篇章，收获满满的爱与成长！

亲子心理探秘——21天看得见的变化，让我们共同见证奇迹的发生！

冯映云

2023年12月1日

序二

实践出真知。本书的内容来源于十多年的咨询实践和自我成长的经验总结。编写的初衷是为广大家长、家庭教育工作者以及心理咨询师等提供实战参考，帮助他们开启更多的可能性，更清晰地读懂孩子心理，揭开亲子问题的底层密码，找到系统、实用、简单、高效的解决方案。

在编写本书的过程中，我系统回顾了自己养育孩子及自我成长的方方面面，深深地感受到理想的家庭教育建立在家长对亲子心理清晰的认知基础上。孩子心理问题的产生，归根结底是家长对亲子心理认知局限的体现。家庭是孩子成长的土壤，如果土壤质量不高，孩子的成长就非常有限。换句话说，孩子问题的根源在于家庭，要真正解决孩子的问题，就必须回到家庭这块土壤来寻找答案。

我出生于湖南省娄底市的一个农村家庭，家里有五个兄弟姐妹，我排行第二。由于从小体弱多病，我意识到要努力改变自己的命运，并坚信读书是最现实的途径。然而，当我研究生毕业，到广州安了家，实现了走出农村的梦想后，却没有很喜悦。特别是还清因读书欠下的债务后，我突然没了人生目标。

2007年，儿子的到来让我体会到了做妈妈的幸福。当时广大家长对孩子的期望是考个好大学，找份好工作，我已然是大家眼中"别人家的孩子"，却发自内心地不希望儿子重复我的人生道路，希望他能绽放自己的生命之花，愉悦地为社会创造价值。于是，我有了新的目标，那就是做一个美丽与智慧并存的母亲，不仅能解开自己的困惑，还能教育好孩子。

2009年，我对国学经典一见钟情，弘扬国学的热情从心中喷薄而出，遂转行从事幼儿国学教育，从此我的工作有了色彩。但在4年后，我遇到更大的困扰，感觉学得越多越迷茫，害怕误人子弟，想随心而走却缺乏勇气，内心世界一片灰暗，每天都处在焦虑和迷茫中。我的感受无法言说，即便说了别人也不会理解，因为当时的我已经拥有很多别人正在追求的幸福：有爱我的丈夫和儿子，有房，有车，有学历，有事业。但很奇怪，我看不到阳光和希望，连做母亲的幸福感也消失了。我不甘心就这样过一辈子，极力想弄明白这到底是为什么。

人有善念，天必佑之。2014年，经由冯映云老师的爱心奉献，我在广东私塾联谊会听到了"家庭能量"课，从此开始了喜悦的亲子心理探索之旅。过去的10年里，我在学习与实践中逐渐解开了困住心灵的枷锁，揭开了孩子教育及亲子成长问题的真相。这些年，儿子经常问我各种问题："妈妈，您怎么越来越好看了？""妈妈，我现在有点烦，能跟您聊一下吗？""妈妈，××同学考差了不敢回家，您能不能跟她聊一下？""妈妈，我一个大学生网友迷恋一个主播走不出来，您能不能跟他聊聊？"……从儿子的问题中可以看到，我似乎也实现了当初的目标：成为一个美丽和智慧并存的母亲。这些年对亲子心理持续深入的学习和应用，不仅解开了我原有的困惑，还开发了新的生命潜能，我从小规模的合伙人到独立创业，再到成为新异心理咨询机构的高级管理人员、广州某商会执行会长……

我的持续蜕变也影响了周围的环境。在改善自己一家三代亲子关系的同时，我也帮助了成千上万的家庭更新亲子教育理念，改善升级亲子关系。在咨询实战中，我发现每个孩子都是天使，各种异常状态只是在唤醒父母内心深处的爱，帮助父母绽放自己的生命之花。当父母真正读懂孩子，读懂孩子的天赋，并全然相信孩子可以绽放自己的生命之花，孩子在父母正能量言行的滋养下自然也会呈现出令人欣喜的状态。

本书的插画就是由我一个来访者的孩子画的，这孩子今年15岁。我在撰写书稿之前看过她的作品，觉得她的内心很纯净、很美好，也很有智慧，我发自内心地喜欢她的画，当时就问她："将来我的书邀请你来画插画，可以吗？"她欣然应允。于是，在今年9月，我把全部书稿给她，邀请她帮忙画21幅插画。我和她简单交流了一下插画的风格，并问她："需要我给你讲一下书的内容吗？"她说："不用，我先看看。"结果，她仅仅花了两天的时间就完成初稿！她对书稿内容的理解和对画面元素的呈现令我惊叹，她非常清楚我想表达什么，并用简单明了的元素表现出来。可以说，她对亲子心理的理解比很多成年人都要深刻，也验证了李新异老师讲的，每个孩子都是天生的心理大师。

但是，这样聪慧的孩子，却曾经因为家庭教育不理想及家庭氛围的影响承受了很多心理上的痛苦和烦恼。她的妈妈在三年前因为不懂怎么教育她而经常情绪崩溃，不知道该拿她怎么办，也因为教育问题和伴侣争吵、冷战。后来，经好友介绍，她的妈妈来到新异心理，经过系统学习，她不断看到自己的内心状态和亲子教育的盲区，持续疗愈自身的童年创伤。如今，她妈妈看待孩子的心态越来越平和，也越来越能读懂孩子的天赋和优秀表现，并能精准地支持孩子发展天赋，相应地，亲子教育问题迎刃而解。

本书编写的过程也是我进一步加深对亲子心理认知的过程，因此，完稿之日并不是结束，而是新一轮探索的开始。未来，我将结合亲子心理，深入探索生涯规划对亲子教育的指导作用。

在此特别感谢恩师李新异的悉心指导，感谢多次助力我突破认知局限、开发生命潜能的贵人冯映云老师及新异心理全体同事对本书的大力支持，感谢亲子心理咨询实战训练营的同学们的实践分享，感谢忘年交许晨彬为本书配图，感谢出版社吴毛孜、巢琳等编辑的出谋划策，感谢我的家人及所有关注本书出版传播的人们，我们一起努力，让所有家庭都充满阳光、和谐、正能量！

彭梨花

2023年12月3日

目录

亲子心理
——开启理想家庭教育的一把钥匙

家庭是社会的基本单位，是每个人的第一所学校。不论时代如何变化，家庭都是我们的心灵港湾。习近平总书记非常重视家庭家风家教问题，相关论述颇多，就是因为家庭是社会和谐、国家发展、民族进步的重要基石，千家万户都好，国家才能好，民族才能好。习近平总书记在会见第一届全国文明家庭代表时指出："家庭是人生的第一个课堂，父母是孩子的第一任老师。孩子们从牙牙学语起就开始接受家教，有什么样的家教，就有什么样的人。家庭教育涉及很多方面，但最重要的是品德教育，是如何做人的教育。也就是古人说的'爱子，教之以义方'，'爱之不以道，适所以害之也'。"

习近平总书记关于家庭家教家风建设的重要论述，对为人父母者实施家庭教育具有重要的指导作用。通过深入学习和践行，结合中华优秀传统文化研发通俗易懂、简单高效的家庭教育方式方法，对建设新时代的家庭家教家风，维护青少年身心健康，培养自信、自立、自强的高素质人才，以及建立国民的文化自信都有着重要作用。

和睦的夫妻关系是家庭和谐的前提

夫妻是家庭的发端，和睦的夫妻关系是家庭和谐的前提。父母之间存在矛盾冲突会对孩子的心理产生严重影响。我从多年的实践经验中发现，孩子的重大心理问题乃至身体健康问题，多数与其父母之间存在矛盾冲突有密切关系。父母之间的矛盾冲突越大，孩子的身心负担就越重。大量事实验证了这句话：孩子是水，父母是源，源头污染了，水自然无法干净。李新异老师说："在所有的家庭关系中，夫妻关系是排第一位的，父母和孩子的关系排第二位。"所以，现代家庭教育的核心不是父母学习如何教育孩子，而是需要父母明白夫妻关系在家庭教育中的重要地位。夫妻和谐，家庭才能和谐，才能给孩子创造成人成材的优质土壤。

情绪稳定的父母让家庭充满爱

父母是家庭教育的主体。当今社会生活节奏快，工作压力大，父母的自我成长尤为重要。在亲子咨询实战中，我看到，大多数父亲、母亲面对生活、工作的压力和不满时，无法面对或主动处理自己内心的负面情绪，而是希望对方能够改变，并按照自己的想法来对待、处理问题，因此一点小事就会引发夫妻之间的重大冲突。从亲子心理的角度来看，这些问题不是父母故意制造的，而是他们不懂得如何正确处理内心的负面情绪引发的。

中年父母上有老，下有小，还有伴侣，在外要工作，他们需要承受诸多关系中的负面情绪。父母一旦情绪失控，就会在家里上演各类"战争"。很多前来咨询的孩子自述承受了太多父母的负面情绪，丧失了成人成材的动力甚至失去了生存的意愿。很多孩子更是沮丧地说："他们改不了的，我已经对他们失去信心了。"可见，父母在家庭中频繁发作的负面情绪，会一点点磨灭孩子对美好生活的向往，让孩子越来越绝望，甚至引发悲剧。

父母的稳定情绪是滋养孩子生命之树的阳光雨露，是孩子面对学习和生活的动力源，也是孩子面对挫折的力量源。稳定情绪，让爱回家，才能使家庭关系日趋和谐，亲子同步向上，才能使孩子品行优良、人格健全。

亲子心理

好家风是果，好家教是因。父母在进行家庭教育过程中，常常感到力不从心或无所适从。此时，了解亲子心理就成了开启理想家庭教育的一把钥匙，能帮助广大家庭通往幸福之路。

2021年12月，我和资深家庭教育专家许化利老师联合采访李新异老师，并将采访文章发表在《广东教学报·综合教育》上。文章中，李新异老师提出"亲子心理学"的概念，并做了具体定义。简而言之，亲子心理指的是个体生命跟自己、父母、伴侣、子女的关系，以及在这些关系下形成的正反两面心理现象。

用新异亲子赋能心理之个体生命在家庭中的关系简图来表示个体生命在家庭中的关系，从中可以看到，每个成年人在家庭中，不仅要处理好与自我的关系，还要处理好与父母、伴侣以及子女的关系。

新异亲子赋能心理之个体生命在家庭中的关系简图

李新异老师的著作《让爱回家》中记录了一位妈妈对家庭成员的负面心理现象：她嫌母亲对父亲说话态度恶劣，抱怨太多；嫌父亲脾气急躁，不干家务，离开母亲寸步难行；嫌伴侣整天板着脸，喜欢指挥人，对孩子要求多；嫌孩子不听话，对待作业不认真，在学校表现不好……从这些可以看到，这位妈妈内心对所有人都是不满意的。这样的心理心态很容易引发家庭矛盾，加剧家庭成员之间的心理冲突。孩子长期生活在这样的家庭中，将不可避免地产生负面心理。

俗话说，"家家有本难念的经""清官难断家务事"，如果我们从亲子心理的角度来解读家庭关系以及关系背后的正反两面心理现象，就能透过纷繁复杂的现象看到问题的本质。形形色色的家庭问题，本质就是一家三代之间的负面心理纠葛。若能从这些负面心理现象中找到问题的症结和解决办法，家庭教育指导师和心理咨询师就能断好来访者的家务事，能帮父母念好自己家的这本经。

亲子心理咨询为亲子双方赋能

很多父母觉得现在的孩子难带，照顾不周不行，照顾得太好也不行，常常陷入家庭教育的烦恼和痛苦中。而那些孩子出现叛逆、厌学、抑郁倾向的父母，处境更加艰难，他们往往感到不知所措、心力交瘁。李新异老师说："没有任何一个孩子的问题是独立于父母存在的，从亲子心理的角度认识孩子的问题，是解决孩子问题的根本之道。"

我曾在一次线上学员答疑会上遇到一位妈妈，她认为自己念小学三年级的孩子写作文很慢，提醒过很多次，孩子不仅没有改正，反而越来越拖拉。她因为孩子"不听教导"，经常情绪失控向孩子发火，又担心自己的脾气伤害到孩子而自责。这位妈妈的话语暴露了好几个认知陷阱：没有改正、越来越拖拉、不听教导。这些认知陷阱往往会让这位妈妈陷入负面情绪中，从而失去理性的判断力，把所有问题都归结于孩子没有做好，情绪失控时便向孩子发火。透过现象看本质，才能真正解决问题。孩子拖拉是果，导致孩子拖拉的原因是什么呢？是孩子不听教导还是有别的原因呢？孩子刚好在妈妈身边，并提出和我进行单独交流的想法。我立刻点赞孩子的积极主动，支持她的想法，并请妈妈暂时回避一下。妈妈也很配合，给了孩子一个表达的机会。孩子说："阿姨，我不是拖拉，而是不知道怎么写，但我不敢跟妈妈说。"从孩子的回应中，我们可以看到，孩子拖拉只是表象，她不会又不敢向妈妈求助的心理才是问题的症结所在。妈妈要解决的不是孩子拖拉问题，而是孩子对她的恐惧心理。

我对孩子的勇敢表达点赞，并决定帮助她分析对妈妈的恐惧心理，我说："宝贝儿，阿姨发现你妈妈很爱你，想帮助你养成好的学习习惯，但她不知道你不会写作文，也不知道你不敢跟她表达，她以为你是贪玩呢。你喊妈妈进来，告诉她真实情况，好吗？"孩子说，"我不敢！"我进一步鼓励她："这段时间你妈妈都在认真学习怎么爱你，阿姨向你保证，妈妈肯定不会发火，也不会骂你，我们勇敢地跟妈妈说出心里话，好吗？"孩子最终把妈妈请了过来，我跟这位妈妈说："孩子有话要对你说，我们听听她的表达，好吗？"孩子哽咽着跟妈妈说："妈妈，我不是拖拉，而是不知道怎么写，但我不敢跟您说。"妈妈听到孩子的话，瞬间知道自己做错了，流着眼泪真诚地向孩子道歉，孩子也抱着妈妈哭了。看到孩子得到了妈妈的理解，我很开心，这世界上又少一个因父母的误解而压抑的生命。我叮嘱孩子："以后有什么不懂的，就大胆地跟妈妈说，好吗？"孩子很开心地答道："好的。"

这个答疑会中的小插曲感动了线上的几十位妈妈，也给她们上了很生动的一课。大家都意识到自己看待关于孩子问题的角度确实需要改变，否则，可能让孩子生活在或不被理解或恐惧或压抑或愤怒的情绪中。

再举个例子，有个被心理医生诊断为抑郁症的大二学生，跟妈妈关系非常不好，常常割腕。焦虑的妈妈带着女儿四处寻求帮助，但收效甚微。后来，这位妈妈辗转到新异心理咨询机构进行亲子咨询，通过剖析，她清醒地认识到自己对女儿长达十几年的各种控制和不当的养育方式，明白女儿的问题就是她一步步造成的。她知道自己错了，跟女儿道歉，但女儿不接受妈妈的道歉，也不愿意接受咨询，更不想改变自己。

我告诉这位妈妈："孩子不接受你的道歉，说明你的道歉还不够真诚。孩子感受到的不是你发自内心的真诚的歉意，而是你对她现状的焦虑，对她未来的恐惧。你需要持续深入地处理自己内心的焦虑和恐惧，在心理上先修复自己和父母的关系，只有改善了自己和父母的关系，才懂得改善和女儿的关系。"于是，这位妈妈先自己接受了系统的咨询，疗愈自己的童年创伤。孩子真实地感受到妈妈变了，终于愿意接受咨询，勇敢面对内心的痛苦。不到半年，孩子就从抑郁的阴霾中走出来了，变得阳光自信、积极主动，愿意继续学习提升自己。

在大量的亲子咨询实战中，我发现，父母眼中的问题其实不是孩子造成的，而是父母的认知出了问题。父母的认知及时改变，才有能力针对孩子的"问题"进行教育，从而收获和谐的亲子关系，促进孩子的成长。亲子心理咨询，秉承的理念也是纠正父母和孩子的心理偏差，同时为亲子双方赋能。

时代呼唤实战型亲子心理咨询师

2009年，为了儿子的成长，我转行从事教育行业，带着儿子一起到国学幼儿机构上班。我们研读国学经典，又学习了东西方教育理念，从爱与自由、正面管教到"顺天致性"、循循善诱、因材施教。但是，这些看似很有智慧的理念和方法，却解决不了令我深感无力的亲子问题。大约在2013

年，我感觉自己抑郁了，并伴随着焦虑、迷茫和自我否定，以致身体也出现问题。

我希望儿子健康快乐地成长，却常常因他的一些行为火冒三丈，以爱的名义对他说一些无情的话，让他明亮的眼神慢慢充满恐惧，圆润的脸庞变得消瘦；那时我还不知道孩子的天性是什么，也不懂如何判断，也就做不到循循善诱；我也不懂孩子是什么"材"，该如何有针对性地教育。我越来越惶恐，一方面害怕自己辜负家长的信任，误人子弟，另一方面又无法改善自己的亲子关系。

在查找教育资料的过程中，我发现有这样一段话：一位70岁的老校长，回顾自己几十年的教学生涯，发现自己做错了很多事，让很多学生承受了不该承受的委屈。他总结说："我一生也没有弄明白如何做好教育。"看到这句话，我相信了另一句话——教育是千古难题。同时我也原谅了自己的无知无能，但心头的迷茫和痛苦总是挥之不去。从小就不服输的我，在教育孩子这件事上，同样想刨根问底，找到亲子教育的真谛。

2014年，在李新异老师的"家庭能量"课堂上，我赫然发现，我学到的理论知识是没有问题的，问题是我没能真正用在实际生活中，理论与实际是脱离的，通俗点说就是说一套做一套。那一瞬间，我豁然开朗，真正困扰我的不是亲子教育知识的缺乏，而是我对自己及孩子当下内心世界的无知无感。我的生气发火、烦恼痛苦、抑郁焦虑和孩子的调皮捣蛋、紧张恐惧、委屈愤怒等状态全部是我们各自内心世界的呈现，而且，父母和孩子的内心世界是密切相关的。如果在亲子教育中能够感受到这些，并弄清晰其底层逻辑，剪不断理还乱的亲子问题就能迎刃而解。李老师讲的四个"一"让我对提升自己和改善亲子关系充满信心。这四个"一"即一切均在现实生活中看到、体现；一切均可在现实生活中努力改变；一切均可重新塑造；一切均在当下完成。

在学习实践过程中，我终于找到了孩子不听话的原因，也找到了自己忍不住向孩子发火的根源。通过学以致用，我不仅从抑郁焦虑的阴霾中走出来，还开发了自己的心理潜能，家庭、事业收获满满；和孩子的关系也变得非常融洽，他不仅尊重、孝顺父母，还能和我们像朋友一样交流，青春期也如此，没有叛逆现象。在改善自己的亲子关系的实践中，我获得了宝贵的实战经验，加深了对亲子心理理论和现象的理解，面对实际问题时得心应手。2021年，我在湖南某高中参加公益咨询活动时，用时30分钟帮助一名因抑郁而想轻生的七年级学生摆脱错误观念的束缚，让他体会到前所未有的放松以及发自内心的爱，面部表情从僵硬到灵动，并决定要好好爱自己，主动拥抱妈妈，且对妈妈说"我爱你"。

当前，像曾经的我那样陷入亲子教育烦恼的父母非常普遍，但能通过学以致用，彻底改善亲子关系的父母则不多。事实上，我国大多数持证家庭教育指导师和心理咨询师都没有能力执业，遇到实际问题无从下手，更何况一般的父母呢？家庭教育促进法的出台与实施，说明家庭教育问题不再是小家庭的问题，而是国家层面的问题。时代呼唤能解决实际家庭教育问题的理论与实战技术，同样也呼唤能帮助广大家庭解决实际问题的实战型家庭教育指导师、心理咨询师，我们将这样的家庭教育指导师、心理咨询师统称为"实战型亲子心理咨询师"。

据心理学界统计，优秀的心理咨询师需要1万小时的专业经验积累，才能有效协助来访者解决实际问题，按照每周咨询15小时来计算，每年约750小时，完成1万小时专业经验积累总共大约需要13年的时间。这样的成长时间让众多有志于心理咨询工作的人士望而却步。即便如此，时间还只是其中一个因素，还有一个很重要的因素，那就是专业成长的经济累计成本昂贵。有关人士估算，优秀的心理咨询师的成长费用在70万元左右。基于时间和费用两个因素，我们可以判断，能实战的心理咨询师数量并不多，供需严重失衡。

实战型亲子心理咨询师需要具备哪些素养

中国特色社会主义进入了新时代，心理学人才的培养同样出现了新的局面。李新异老师研发的亲子心理理论与实战技术，具有系统、简单、安全、高效等特点。系统学习亲子心理理论与实战技术的人员可以快速获得亲子成长咨询的实战能力，数百名学员在学习过程中轻松解决了自己家的部分亲子难题，再结合10~50小时亲子心理咨询实战训练，可以轻松帮助其他父母分析亲子问题，并提供行之有效的改善建议。实战型亲子心理咨询师，需要具备以下素养：

丰富的实战体验。优秀的咨询师都具有丰富的实战体验。这里讲的实战体验不是给别人做个案，而是学员以自己为研究对象，根据所学理论与实战技术对照自己的三代亲子关系进行梳理，分析问题、解决问题，获得大量的切身的解决实际问题的经验，这些实际经验又反过来加深学员对亲子心理理论与实战技术的理解，从而可以达成更有效的实战能力。事实上，很多学员通过21天的学习，积极学以致用，获得了丰富的实战经验。

摆脱理论束缚。人们普遍觉得心理咨询很难，是因为心理咨询师要学很多理论和方法，不同流派的理论也有所不同，学了很多，但不知道怎么运用，遇到实际问题无从下手。亲子心理的学习，聚焦生命本身，以自己的三代亲子关系作为研究对象，在资深的实战型亲子心理咨询师督导的辅导下进行实践，体会和感悟到的内容与经典心理学理论是一致的。所以，在实际运用中，跳出理论条条框框，对亲子双方的心理状态感同身受，就很容易找到亲子之间的问题所在，帮助来访者找出解决方案。

阳光自信的心态。实战型亲子心理咨询师有实际的经验，自身的亲子烦恼不断得到解除，心态越来越阳光。在咨询过程中，所说的阳光自信的心态就是自己体验到的、自己已经有结果的，呈现出发自内心的自信，他们的心情也不会被来访者的烦恼、痛苦所影响。做的个案越多，咨询师越喜悦。

　　持续开阔心境。实战型亲子心理咨询师首先以自己为研究对象，每个当下都可以聚焦自己的心理状态，不断地去觉察、调整，每天都会有新的收获。由量变到质变，心境持续开阔。亲子关系也不断得到改善。

　　以生命影响生命。实战型亲子心理咨询师首先面对和解决的就是自己的亲子问题，因此，学员既能理解来访者的痛苦，也知道如何帮助来访者去找到解除痛苦的路径和方法，坦诚地一起探讨亲子教育、自我成长问题，以自己的成长经历激励来访者，帮助来访者树立信心。

常识篇

　　本篇和大家一起探索为人父母者应该知道却容易忽视或不知晓的常识。说是常识，实际上包含着心理学的研究与实践成果。有些内容看起来很简单，却是解读亲子问题的关键；有些内容或许会让你难以置信，却是造成亲子问题的根本原因，也是打开亲子困难之锁的钥匙。

　　本篇包含5个方面的内容，我们将用5天时间来了解教育孩子过程中需要具备的常识。

第 1 天

爱玩是孩子的天性

爱玩是每个孩子的天性，孩子的大部分心理问题都与其天性密切相关。

爱玩的天性和心理问题，到底有着什么样的关系呢？

扫码观看本节视频课程

孩子的幸福感来自玩的满足，我们可以观察身边孩子在玩耍时的表情，去感受他的整个生命状态。可以说，孩子在玩的时候有多么开心，总是没有机会玩的时候孩子就有多么的压抑。

我的儿子叫东东，今年16岁。在养育他的过程中，我发现他将"爱玩是孩子的天性"这个常识体现得淋漓尽致。在他3个月大的时候，我发现他两只小手拿着纸巾在玩。他爷爷很自豪地说："是我拿给他玩的，你看他会撕纸啦。"这么小的宝贝居然会撕纸巾，我觉得很神奇，很有趣，便盯着他看，小家伙开心地撕着纸巾，表情还有点小得意呢。孩子拿点纸巾撕着玩，既可以锻炼手指的灵活性，又能体验到自己把纸撕开的乐趣，是个不错的主意。从此，东东开启了爱玩的各种状态。7个月的他把塑料金箍棒舞得飞转，洗澡时躺在奶奶的臂弯里，双腿欢快地蹬水，一家人围着他傻乐；8个月的他坐在人民公园的地上玩泥土，非常可爱，吸引一名摄影爱好者对着他拍摄；9个月的他满屋子爬，凡是够得着的东西都是他的玩具，包括锅碗瓢盆；1岁时在外婆家，他拿扫把扫地，摔倒了又爬起来，锲而不舍；妈妈读国学经典时，他抢妈妈读的书，妈妈拿一本他抢一本，乐此不疲……

孩子喜欢玩是能量饱满的体现，说明他的身心状态是非常好的。从小就能各种玩的东东活泼灵动，每天都是笑呵呵的，很少哭，也极少生病，一句话：很省心，很好带。反之，当孩子蔫蔫的或烦躁地哭闹时，我们就知道，孩子是生病了，这时候让他去玩都玩不了。在咨询实战过程中，我们看到，无论是几岁的小孩子还是十几岁的大孩子，只要身心出了问题，都有一个很明显的特点，那就是玩不起来。

被父母允许玩的孩子，阳光自信。这是为什么呢？因为孩子在各种玩的过程中获得幸福感，身心非常舒畅；同时因为玩而习得各方面的能力，如动手能力、创造能力、解决问题的能力等。幸福又能干的孩子，给别人的感觉就是阳光自信。这样的孩子不会叛逆，随着年龄的增长，他的学习能力会越来越强，同时，他也会一直保持着学习积极性。

孩子喜欢在玩中学的习惯，可能造成他不喜欢规矩地坐着学习。但他边玩边学的状态也往往让父母焦虑，让父母会觉得孩子不专注、没有养成好的学习习惯，父母就会因着这些问题去不厌其烦地教导孩子，教导几次不听就批评、指责孩子。孩子听多了教导和批评就会厌烦，心情越来越不好，最后就玩不起来了。也有的孩子受到父母的批评、指责就会对着干，故意调皮捣蛋，然后惹来更多的批评、指责，亲子关系就这样越闹越僵。

孩子爱玩的天性如果被长期指责、抑制，其心理会产生严重问题。为什么呢？因为当孩子爱玩的天性被抑制，他就会产生委屈、压抑、悲伤、愤怒等情绪。如果持续的时间比较长，孩子就逐渐感受不到生活的乐趣，不爱说话，不愿意与人交往，学习的动力和专注力也越来越差，甚至可能会厌学、逃学。

东东2岁10个月时开始跟我在国学幼儿机构学习，随着年龄的增长，我安排给东东的读书时间越来越长，加上我的工作也越来越忙，陪伴他玩耍的时间越来越少，陪伴他玩耍时也越来越没有耐心，尤其是身心疲倦的时候，越发顾及不到他的感受。在他5岁左右的某一天，忙碌了一天的我想快点回家休息，喊玩了一阵的东东回家："东东，快点，我们回家了。"他不大高兴："不要，我还要玩。"我喊了几次他都不听，开始冒火了，生气地跟他说："你玩吧，我走了。"说完就真的走了。他哭着跟上来，我听到他哭就更生气，停下来又数落了几句，他也生气了，瞪着眼睛跟我吵，我感觉身心疲惫，内心涌出无力感，觉得自己很努力了怎么还是把他教成这样，然后口不择言："我没有本事带好你，不想理你了。"他的愤怒立刻消失，抱着我哭，我也哭了。这样的戏码我们上演了很多次……与此同时，教他的老师也在家校联系本中反馈他上课不认真，调皮捣蛋，对学习表现出厌烦情绪。我后来整理照片，发现我们母子冲突频繁的那段时间，阳光自信、可爱得像天使的东东变得瑟缩、瘦弱，眼神充满恐惧，可当时的我竟然对此没有一丝一毫地觉察。

大部分亲子矛盾是因为父母误解了孩子，不知道孩子有这样的生命状态。即便是已经成为亲子心理咨询师的我，也会在某些特定事情上忽略孩子的状态，陷入焦虑中，试图用说教和批评、指责的方式解决问题。

那么，当今很多父母为什么会反感甚至憎恨孩子玩呢？从亲子心理的角度来看，很有可能是因为父母自己童年时候没机会玩或者没玩够。有的父母自己爱玩的天性在童年时期被抑制了，看到孩子玩就会引发焦虑和愤怒情绪，失去理智，在情绪的控制下以影响学业为由限制孩子玩。

同样是童年没玩够，有的父母可能存在补偿心理。回想我自己，童年确实是没有玩够的。因为我要带弟弟妹妹，还要干家务活、农活，不能像其他小伙伴那样尽情地玩。偶尔玩耍，都是自己偷着玩，比如摘黄花菜的时候爬到树上去玩，下雨天躲在稻草堆里玩牌……仅有的玩耍时间，大都是伴随着罪恶感和恐惧感。我自己在玩的方面是有缺失感的，所以在孩子很小的时候，我很愿意满足孩子对玩的需求，也特别喜欢看他玩的样子。但我终究是养成了只想做事的习惯，随着孩子长大，我认为他不应该贪玩，并且要学会认真学习和做事。因此，看到他想尽办法玩就会觉得他不懂事，就想要纠正他，纠正不了就生气，甚至憎恨他的玩。我清楚地意识到，当时跟孩子的交流都是带着这些情绪的。

　　曾有家长愤愤然问我："爱玩是孩子的天性，那我们难道就不管孩子了吗？就任由孩子这样玩下去？"不是不管，而是要以平和的心态去和孩子交流，以大家都能接受的方式解决问题。让孩子委屈、压抑的不是父母管教孩子时的言行，而是管教孩子时传递给他的情绪。同样一句话，以愤怒的心情说与以平和的心情说，孩子的感受完全不同。明白了以上道理，这位家长立刻释然。

　　孩子爱玩不仅不是问题，反而能展现他充沛的精力，以及丰富的想象力和创造力，爱玩的孩子长大后通常是一个精力旺盛、充满感召力的人。如果我们无法理解这一点，可以用心观察孩子在各种玩耍时的生命状态，体会孩子的活力与灵动。

　　如果我们希望提升孩子的学习内驱力，可以为他提供玩耍的条件，协助他在玩中发挥自己的长处，获得乐趣和自信心。如果我们希望和孩子有共同语言，可以陪孩子一起玩，让孩子体会和父母同频的喜悦。如果孩子已经到了青春期，因为爱玩的天性被长期压制，呈现的问题比较严重，也是有方法可以改变的。

··

　　我接待过一位七年级孩子的妈妈，她的孩子特别优秀，学习认真刻苦，名列当地名校年级前十。孩子一如既往地认真刻苦，甚至吃饭的时候都在看书，一次期中考试成绩出来后，孩子的学习状态逐渐发生变化，隔三岔五地说肚子痛，请假回家休息。妈妈理解孩子的辛苦，同意孩子休息。但孩子请假的时间越来越长，到最后完全不愿意去学校，整日在家沉迷游戏，不愿意走出家门。妈妈和他讨论学习的事情时，他就朝妈妈发火，拒绝交流。妈妈非常痛苦，不明白好端端的孩子为什么会变成这个模样，焦虑的她晚上失眠，工作

爱玩是孩子的天性

时也无精打采。她说："我很不甘心孩子就这样退出这所学校，我现在每天都很痛苦。"经过咨询，妈妈明白了问题背后的原因：她自己特别希望孩子通过学习变得优秀，小学阶段安排了孩子的一切时间，平时、周末都是学习时间，完全没有时间给孩子玩。听话的孩子一直很努力，希望自己可以成为妈妈眼中的优秀孩子。但上了初中，孩子拼尽全力也达不到心目中的目标，不仅身体疲劳，自信心也大大受挫，很快就失去了学习动力，只有打游戏能让他感觉到放松和快乐。以前听话的他现在不想听话了，妈妈怎么说都没有用。

这个孩子就是典型的玩心被长期压抑，一旦学习上无法获得成就感，内在的信念就坍塌了，只想获取即时的放松和快乐，慢慢陷入游戏的虚拟世界里。

我告诉这位妈妈："孩子的内心其实和你一样痛苦，他不是不想振作，确实是没有力量做到。如果我们想帮助孩子走出这段艰难的日子，首先要解决自己的焦虑和痛苦，然后倾听孩子的心声，发自内心地理解他的痛苦，接纳他的现状，尊重他当下的选择。当他的身心休息够了，就会有力量重新面对学习。"这位妈妈通过系统的咨询和疗愈，情绪逐渐变得平和，与孩子的交流越来越顺畅，三个月后，她协助孩子转到一所普通学校，孩子带着轻松喜悦的心情重启学校生活。妈妈后来反馈，孩子玩的时间多了很多，但考试成绩并不比之前差。

关于孩子爱玩和心理问题的关系，我们就探索到这里吧。玩对孩子来说是如此重要，但父母对孩子玩的反感和对玩物丧志的担心却无处不在。如何把握孩子玩的度，因势利导，协助孩子玩出活力、玩出能力、玩出成果，需要我们在家庭教育中去实践，逐步加深认识，持续调整心态和方法，积极有效地助力孩子成人成材。

学员内心告白

乖巧女孩内心的痛和无助

　　如果不是进入新异心理咨询机构学习，我是真不知道爱玩是孩子的天性。我童年玩时的画面实在是太少了。印象中，童年的我是个非常乖巧的女孩子，嘴巴甜，但其实非常胆小，曾经被村子里的一头猪追得满村子跑。我就是那个大人嘴里乖巧的孩子，小伙伴眼中好欺负的对象，童年被同村的小伙伴欺负也不敢跟家人说。妈妈很凶，也很忙，忙着做家务活、干农活，根本没有时间关心和关注我。妈妈的忙碌被我完全复制了，有了孩子的我也开始各种忙碌，忙着做生意、谈事情，马不停蹄地，没有休息的时间，更别提陪孩子了，所以在我没有进入新异心理咨询机构学习之前，我没有见孩子开心地笑过，更不懂怎么去陪孩子玩儿。

贪玩孩子迟来的理解

　　想想小时候最开心的事就是夏天的晚上姐弟几个在院子里铺个凉席，一起躺在上面看星星，妈妈或奶奶拿着一把扇子给我们扇风；冬天时用稻草编成绳子在院子里跳绳。那时候物质虽然不像现在这么丰富，却玩得很开心，哪怕只是几个小石子都能够让我玩得很高兴！当然也曾因为贪玩被妈妈打骂过，因为喜欢看动画片，常常跑到客厅边吃饭边看动画片，吃完了仍捧着碗在电视机前舍不得离开。因这种情况挨骂是常有的事，边看边担心会被妈妈骂，但又舍不得错过电视机上的任何一个片段。那时候不像现在的网络电视可以随时观看，如果错过了精彩片段，就很难再看到。有一次因为在外面玩，回家晚了，妈妈非常生气。她把我找回家后，用细细的竹鞭抽打我，打完心疼得边掉泪边为我涂药。我总以为自己已经不会在乎这件事，因为它都已经过去很久了，没想到今天写的过程中还是流泪了。以前为这件事流泪也许是因为伤心、痛苦，而今天是因为理解了妈妈当时的担心、害怕。

未能陪伴孩子玩耍的遗憾

想想自己的童年，我觉得在玩这一块还是可以得到很大的满足的。那时候小伙伴们很会创造各种玩的花样，如跳"房子"、抓石子、跳长绳、打扑克牌等等。虽然父母陪伴不多，但跟小伙伴们在一起玩的场景构成了我多姿多彩的童年生活。如今这些游戏几乎消失，我的孩子既没有玩伴，也没有游戏可玩，只能在电子产品中寻求快乐。现在孩子也比较大了，完全没有我小时候那种无拘无束玩耍的快乐，想想真遗憾！如果时光能倒流，在孩子较小的时候我会学习亲子心理知识，我会满足孩子玩的需求，或许孩子会呈现另一种生命状态。

 亲子心理探秘实践

你喜欢玩吗？请静心回顾自己童年时期的玩耍经历，观察孩子玩耍时的状态，看看有什么发现。

第 2 天
被关注和尊重是孩子的底线

被关注和尊重是孩子的底线。孩子出现的心理问题，和父母的思想观念、心理状态及其对孩子的言行举止息息相关。

被关注和尊重跟心理问题到底有什么样的关系呢？

扫码观看本节视频课程

被关注和被尊重是对孪生兄妹，总是形影不离，被关注的同时可以获得尊重，被尊重的同时也能获得关注，同为孩子的底线。孩子开放的心态来自父母对他的关注和尊重。我们可以观察自己的孩子或身边小朋友与人交流时的状态，去感受他的内心世界。如果孩子与人交往表现有多么敞开，那么总是得不到父母关注和尊重的时候，孩子的内心就有多么的封闭。

2015年，我成立了一个小而精的国学书院，决心用亲子心理学结合国学经典来培养孩子。有位家长得知我收小学年龄段的孩子，第一时间将二年级在读的女儿送来了。为什么好好的公办学校不读，要送到我这小地方呢？原来是这位妈妈频繁地收到老师对孩子的投诉，说孩子上课不专心，怎么教育、惩罚都没有用。她自己在家对孩子也是想尽了办法，骂也骂了，打也打了，但孩子没有任何改变，甚至一到学校身体就不舒服，经常发烧。她被女儿的状态弄得焦头烂额，不知道该怎么办，于是就抓住我这根"救命稻草"。说白了，这就是一个老师和家长眼里的"问题"孩子，送到我这来也是因为家长知道我是学亲子心理的，想看看我能否帮到孩子。

看到孩子的时候，我很震惊。小姑娘面无表情，对人很冷漠，凡是关于学习的话题一律不能提，一提她就拒绝交流，邀请她去外面玩也不去，说是对太阳过敏，她喜欢安静地坐在桌子旁边画漫画，不愿意参与其他活动。这孩子4岁时曾在我所在的国学幼儿机构读国学，那时候还是活泼开朗、爱唱爱跳的，怎么就变成这个样子了呢？这些年她到底经历了什么？我约孩子妈妈交流了整整两个小时，了解到一些关键情况：孩子好玩好动，上课喜欢玩东西，老师没收一个她又拿出另一个，老师没办法了，下课后就不允许她离开座位；体育课上，孩子因为乱动而被罚站。这样的情形发生了很多次。老师也打电话给孩子妈妈说明情况，妈妈也很恼火，不止一次在家骂她、打她，可依然没有效果。

　　亲子心理学认为，孩子从胎儿时期开始，就是一个完整的生命，他们具有人的一切，包括情感、感受，有被关注和尊重的需要。事实上，人在任何一个年龄阶段都渴望得到关注和尊重，尤其是希望得到父母的关注和尊重。从这位妈妈反馈的事件当中，我们是不是能看明白小姑娘为何会出现上述问题呢？她上课玩小东西不被老师和家长允许，遭遇没收，承受打骂；接着，在多次老师没收、家长打骂教育无效后又受到禁足对待，她不仅没能改正错误，反而变得连学都上不了了。可见，这些处理措施带来的负面心理冲击已经超过了孩子的承受能力。

　　这孩子的心理为什么会这么脆弱呢？通过我们研发的性格解读工具，我看到她天生是个好玩好动、自尊心很强、特别敏感、容易受伤的孩子。我们用心感受一下，老师在大庭广众之下屡次没收物品、罚站或禁足，是不是会伤了她的自尊呢？妈妈收到老师的投诉后只顾着生气，不仅没有关注到女儿的内心感受，反而用打骂的方式教育，是不是会伤了她的心？这样的情形一次又一次地重复发生，孩子的心慢慢就封闭了，既不想去学校读书，也不想跟父母交流，只想自己一个人沉浸在漫画的世界里。她心情沉闷，心态消极，身体免疫力下降。

　　我跟这位家长说："孩子的情绪没有出口，现在走投无路！在学校得不到关注和尊重，在家里也得不到，加上她又不是那种会在明面上反抗的孩子，只能生病，只能把自己缩在一个壳里。如果送到我这里就得按我说的去做，否则我也帮不到她。"家长说没问题，一定听我的。我给她说了方案："首先，务必停止对孩子的任何打骂行为，并为之前的打骂行为给孩子道歉；其次，在家里不要提学习的事，支持她玩她感兴趣的项目，学习的事由书院来把握节奏。"达成共识后，我安排书院的老师带着她和其他几个厌学的孩子各种玩，做手工娃娃、美食，学葫芦丝，去看家风展览，去树林草地玩……两个月后，她的脸上恢复了笑容，愿意和我们讨论学习的话题，之后逐步增加学习内容。两年后，孩子离开了书院，在家学习了一年，后进入某市民办学校，小升初时成绩优异，获得了初中三年全额奖学金。

小姑娘在短时间内就能恢复笑脸，重新回到正常的学习状态，并取得理想的成绩，这跟她父母在她小时候以及在国学书院那段时间对她的全然关注和尊重有直接关系。如果孩子从小就不被父母关注和尊重，一旦出现厌学、抑郁等现象，康复难度会大很多，需要的时间也会更长。如果父母不配合提高自己的家庭教育认知和改善心态，康复的可能性就更小。这也是很多患抑郁症的孩子咨询多年却无法彻底康复的根本原因。

从胎儿时期就被父母关注和尊重的孩子，出生后能量饱满，爱玩会玩。我家东东就是这样的状态，我孕期时积极开朗，常常用心和他交流，还和他玩顶肚皮的游戏。关于性别，我们夫妻观念一致，一直和东东说："宝贝，不管你是男孩还是女孩，爸爸妈妈都喜欢你、欢迎你。"他出生时很顺利，我顺产但没有经受过多生产的痛。他很漂亮，一头乌黑的头发，眉毛清晰可见，脸蛋光滑饱满，就是我心目中天使的样子。

当孩子不被父母关注和尊重时，可能会产生羞愧、悲伤、愤怒等情绪。与此同时，在家庭生活中感受不到父母的关爱，对父母的各种付出也就生不起感恩心，对待父母冷言冷语，甚至会出现一些不合常理的言行，也有些孩子根本不和父母交流。事实上，孩子是天生的心理大师，具有快速洞察成年人心理的能力，能够洞察父母及其他家人的心理状态，并充分地利用一切给自己制造一道心理防线，来维护自己的底线。

大概是七年前的一天早上，一个孩子的家长打电话给我，说她快要崩溃了。她说，上一年级的女儿自理能力很强，每天早上都是自己穿衣服，但昨天早上却怎么也不肯自己穿，一定要妈妈帮忙穿。妈妈觉得女儿任性，威胁她，"再不穿我就要打你了"。孩子依然没有妥协，还愤怒地瞪着妈妈顶嘴道："我就是要你帮我穿，你打死我也不自己穿。"妈妈实在没有办法，忍着怒气给孩子穿了衣服。她以为以后就没事了，没想到女儿今天早上又闹，又重复了昨天的要求。这位妈妈怎么也想不明白，为什么一向自己穿衣服的女儿要一次又一次地闹着让她帮忙穿呢？我一听就笑了，问她："你最近是不是骂她了啊？你这孩子自尊感很强，很需要你的关注，她心里憋着火就会闹脾气的。"她说："没有啊，自从她上小学后，我就没骂过她了。"我说："你嘴上没骂，心里有没有类似的想法呀？"她不解："啊？我心里想的，她能知道吗？"我很认真地说："你心里想的，她是知道的，话说，你心里是怎么想她的呢？"她说："唉，我心里还真有点不接受她，她长得黑，在家又懒，不愿意做家务活，看着她就有点来气……"我说："这就是了，难怪孩子要闹腾呢，她心里委屈和愤怒啊！""那我该怎么办？"我给了一个建议："鉴于你家孩子的实际情况，建议你每天早上主动地、开心地帮她穿衣服，直到她自己主动穿衣为止。"她有点担心："那我得穿到什么时候啊？"我说："你就当是亲子时光嘛，只管去做，当她需要的关注和尊重足够以后，就会自己主动穿衣服的。"因为这位妈妈跟我是老朋友了，已经建立了很好的信任基础，孩子出现什么问题都来找我。这一次，她按我说

父母亲手铸就孩子的心理防线

的去做了。大约三个月后的一天，她很高兴地给我报喜："彭老师，真是太神奇了，女儿今天自己早早地穿好了衣服，晚上回来还主动收拾屋子，把家里的鞋子摆得整整齐齐。真的是给她足够的关注和尊重，她就不任性妄为。"我给她点赞："你太棒啦！能够无条件做三个月，用实际行动疗愈了女儿的委屈和愤怒，让她感觉到自己是被妈妈关注和尊重的，你们母女的关系一定会越来越亲近。"

如果长期得不到父母的关注和尊重，能量强的孩子可能会把所有情绪压在心底，给自己戴上一个干脆洒脱的面具，表现得很独立，积极主动地追求自己的目标，长大后会很有成就，对父母可能有物质上的孝顺，却没有什么温情，大多数人会远离父母生活，或者经常和生活在一起的父母吵架。这类孩子有个共同特点：那就是容易被正能量的事情感动得流泪，但他们自尊心很强，一旦感觉到不被尊重，可能就会暴跳如雷，久久难以释怀。能量弱的孩子若长期得不到父母的关注和尊重，则会逐渐对父母封闭自己的内心，不愿意交流，失去学习动力，对自己在父母心目中的形象以及外界人、事、物表现出不在意的态度，用四个字形容——油盐不进。

激将法是很多父母不自觉会使用的方法，比如，"你努力了也达不到邻居家哥哥的水平""你肯定拿不到第一名""你就是个没用的东西"等等。从亲子心理学来看，激将法的本质是父母用践踏孩子尊严的言语刺激他的斗志。这个方法对能量强的孩子可能有效，因为能量强的孩子就像充满气的皮球，一拍就能跳起来。但就算是能量强的孩子，也要关注彼时孩子的内心状态，以免刺激过头引发孩子的愤怒、冷漠以及报复性言行。激将法对自尊感强的孩子管用，但孩子同时会用一道防线把自己的温情包裹起来，内心不再与父母亲近。对胆小懦弱的孩子而言，激将法大抵是无效的。因为胆小懦弱的孩子犹如干瘪的气球，怎么拍都是拍不起来的，反而会弄巧成拙，引发更严重的自我否定以及伤害自己的行为。若想激发胆小能量弱的孩子的斗志，给予关注和尊重则更为有效。因为关注和尊重就是赋能，类似给皮球充气，气足的皮球才能弹得高。

孩子有自己的底线，同时也具有突破父母固有的心理心态或设置的各种界限的能力，以使自己活得更自由自在，活得更轻松。对大部分孩子而言，突破父母设定的界限是一件好玩有趣的事情。如果孩子总是破坏规矩，父母应先自查设定的规矩是否合理。如果是合理的，看着孩子的眼睛正式告知，因为正式的告知可以让孩子意识到父母也会维护自己的底线，父母也需要得到他的关注和尊重。但如果在父母面前倍感压抑，能量强的孩子可能会直接挑战父母的底线，从而引发亲子冲突。

被父母关注和尊重是孩子的底线，是孩子敞开心扉、轻松面对这个世界的原动力。但我们往往忽视孩子的内心感受，也没有把孩子看成是一个需要尊重的生命体。往者不可谏，来者犹可追。如果我们已经意识到自己从未关注、尊重过孩子，建议父母放下身段，好好跟孩子聊聊，主动为过往对孩子造成的伤害道歉、忏悔。如果孩子已经表现出问题，父母无法解决时，可以寻求专业帮助。

时下青少年高发的抑郁现象，跟他们长期得不到父母的关注和尊重息息相关，但父母对此事的认知滞后一到数年，或不当回事，或拒绝相信，当悲剧发生时才追悔莫及。对于父母来说，含辛茹苦地养育孩子已经不容易，但对于孩子来说，得不到父母的关注和尊重是无法忍受的痛苦。事实上，孩子可以忍受家徒四壁，却无法忍受父母对自己的冷漠和嫌弃。为了避免更多的伤害，孩子会给自己筑起一道心理防线，拒绝向父母和外界敞开心扉，以此维护自己的底线，久而久之就会出现心理问题。希望今天的探讨可以引发大家的思考，助力父母看到自己在家庭教育中的盲区，懂得用关注和尊重的方式为孩子赋能，让亲子更亲。

我一定要尊重我的孩子

我上小学的时候经常和哥哥跑出去跟邻居家的小朋友疯玩。爸爸为了让我们好好学习，不管我们愿不愿意，都强制把我跟哥哥锁在家里读书。听着外面小朋友的打闹声，我们非常想出去跟他们玩。那时候就觉得爸爸很霸道，不尊重我们。他想要我们读书，我偏不读，偷偷把钥匙从窗子里面丢出去让邻居家小朋友从外面帮我们把门打开。听到爸爸下班回家那熟悉的摩托车声，我们就飞快地跑回家，并让邻居家小朋友帮我们从外面把门锁好，然后打开书本，装作很认真在读书的样子，制造我们根本没有出过门的假象。爸爸越不尊重我，我就越跟他的意愿反着来，越逼我读书我就越不爱读书。为了逃避惩罚，我表面上还是会装作很乖巧的样子。所以，不尊重小孩，逼他们做他们不愿意做的事只会适得其反，换来的也只有孩子的逆反和欺骗。我以后一定要尊重我的孩子，引导他自主学习，不逼迫他。

只有生病才能得到关注

小时候的自己很少得到父母的关注，只有生病的时候，妈妈才会关心我，所以很多时候，一点点小病我也会故意表现得夸张，装出很难受的样子，以获取妈妈更多的疼爱。被疼爱的感觉是很好的，尽管其中夹杂着妈妈对我的担心。不小心做错事的时候，妈妈会辱骂我，伤害我的人格，使我有屈辱感。对于我自己的孩子，我也不知道怎么去尊重他们，但一想起自己不被尊重时的那种愤怒、屈辱，我就立志学会尊重孩子、体谅孩子，不能让自己的孩子重蹈我的覆辙。

我比我家儿子幸福

小时候，我也是很希望得到大人们的关注，特别喜欢听到亲戚朋友在爸妈面前夸自己，总想得到爸妈的喜爱。印象很深的一次是，老师在课堂上说了一句我不好的话，我就觉得很伤心，偷偷地落泪。我最不喜欢听的就是爸妈说谁家孩子很优秀，拿我跟别人对比。现在想想我比我家儿子幸福多了。因为小时候爸妈只是不停地鼓励我学习，从来没有贬低过我，更没有辱骂过我，只是告诫我读书可以改变命运，从来没有逼我读书。反观我现在对儿子的教育，更多的是辱骂教育。正如李老师说的一样，孩子是心理大师，儿子看到我越生气就越开心，因为他知道我拿他没办法，只能嘴上骂他。因为孩子经常得不到尊重，内心没有喜悦感，所以学习就没有动力。

♥ 亲子心理探秘实践

你得到过父母的关注和尊重吗？你有关注和尊重自己的孩子吗？请静心回顾自己童年的成长经历和养育孩子的过程，看看有什么发现。如果我们有因为不被关注和尊重的经历，产生了委屈、怨恨、愤怒等情绪，请拥抱自己，对自己说"我爱你"。作为成年人，我们可以通过主动关注自己，逐步修复童年不被关注和尊重的缺失感。如果我们意识到没有关注和尊重孩子，请和孩子谈谈心，倾听和了解他的内心感受。

第 3 天
胎儿是个完整的生命体

　　胎儿是个完整的生命体。孩子出生后的各种表现甚至出现的重大心理问题，和父母在孕育孩子过程中的思想、情绪密切相关。

　　孩子在胎儿时期的经历跟出生后出现的心理现象，到底有什么样的关系呢？

扫码观看本节视频课程

亲子心理研究与实践发现，胎儿的身体虽然没有发育成熟，但从心理层面来看，他就是一个完整的生命体，他具有人的一切，包括感受、情感和思想，能针对父母的思想、情绪做出相关的反应，对父母具有情感依恋，渴望父母和谐相处；与此同时，小小的胎儿也具备了学习、选择的能力，会基于环境习得相应的本领，做出某些选择。

在2014年的一次公益家庭教育普及课上，我有幸听到李新异老师关于"胎儿是一个完整生命"的讲解，恍然大悟，并心有戚戚焉。虽然当时无法了解自己在胎儿时期的经历，但我却很清楚地知道我孕育东东时的状态。我很清楚地记得，我当时是本能地将东东当作一个完整的生命在对待和互动，而他也给了我相应的反馈。

在东东8岁多时，我跟随李老师学习潜意识情景对话技术。有一天，我心血来潮，想看看老师说的观点是否可以在实践中得到验证，便问东东："你想不想知道你以前在妈妈肚子里的情况啊？"好奇心重的他回答道："想啊，真的可以知道吗？"我说："只要你配合我，按照妈妈说的做，就有机会知道。"于是，我尝试把东东导入潜意识中的胎儿时期，真的成功了。当我发指令让他"回"到他胎龄6个月的时候，他流眼泪了，我问："你怎么哭了？"他哽咽着说："妈妈怀着我，还要上班，妈妈很辛苦。"当时，我的确是挺着大肚子上班，到孕38周才休产假。他的话，一方面让我知道了儿子对我的心疼，这让我感到很暖心，另一方面让我确认了老师讲的是千真万确的。

接着，我把他导到他在产房出生的时候，他微笑着说："妈妈，我'听'到您说话了。""噢，你'听'到了什么？""您说我们一起加油，很快就可以见面啦。""嗯，然后呢？""然后我就和妈妈一起用力啊。"……我询问他各种问题，得到他的反馈后无比感动。我从未对东东提过他出生时我跟他说过什么话，但他的反馈和我当初生他时的真实想法是一模一样的。他不仅"听"到了我的话，还和我一起努力。

这次实践让我大开眼界，感受到每个胎儿都是天使一般的存在，感叹我们成人对胎儿的认识有太多的误解和盲区，在这些事实面前，我们的很多言行是多么的无知，甚至是愚蠢。后来，我也"体验"到了我在胎儿时期的状态，同时，在个案咨询中也带领上百名来访者"看"到自己胎儿期的状态或是体会到自己孩子在胎儿期的状态。

东东在我生他时能"听"到我的话，并和我一起用力，让小个子的我在一个小时内成功顺产，这让我深刻地认识到胎儿具有思想情感，还有行动能力。

孩子在胎儿时期，父母的情感交流、情绪、心理等内在状态会传递给孩子，刻画在孩子的遗传基因里面，并且会让孩子做出某些选择；特别值得注意的是，父母在孩子胎儿时期的情绪是不会消失的，会一直留在孩子的潜意识里，影响孩子一生的成长。

我曾接待过这样一位家长，她的事业很成功，但让她深感挫败的是她儿子。儿子3岁多了还不说话，喜欢在幼儿园咬人、打人，被三所学校劝退，她带着孩子跑遍全国求医，但都无果。经过朋友的介绍，她找到了我。我首先通过性格解读工具看孩子的各项状态，发现孩子在生理结构上并没有显示语言功能方面存在问题。我很笃定地告诉她："你儿子在说话方面本来不应该出现这样的问题，他现在不说话肯定另有原因。先请说说你怀孕时的情况。"

经过一个小时的交流，我了解到她怀孕的时候事业正处于转折阶段，非常辛苦，经常和老公吵架，心情大起大落。我对她说："孩子在你肚子里不仅感受不到妈妈的关注，反而要经常面对你们夫妻的争吵，心情肯定是不会好的。他在幼儿园咬人、打人的行为可能跟这些经历有关系。但孩子不说话的原因，还需要进一步探索。你孩子不说话很大可能不是身体器质性的问题，而是心理方面的问题。"我给她建议："心病还需心药医，建议你做潜意识情景对话，我会运用技术把你导入怀孕的时候，顺利的话你能自己找到孩子不说话的原因。"她已经屡次遭遇挫败，这会儿听到我说她孩子本来不应该有问题，便抱着试试的心态找我做了5次潜意识情景对话。果然，这位妈妈在潜意识情景对话中"看"到了孩子的想法：你那么喜欢做女强人，我就不说话，看你能不能解决这个问题？你什么时候变成温柔的女人，我就什么时候开口说话。

这个孩子在胎儿时期受不了妈妈的强势作风，受不了她和爸爸无休止的争吵，便选择用不说话的方式迫使妈妈改变自己。这位妈妈找到了孩子不说话背后的原因，也意识到了自己的问题，她决定聚焦自己的改变。她调整了工作节奏，不再将全部精力用在事业上，而是将部分时间放在家庭中，一点一滴地调整自己的做法，关注先生的情绪，用心陪伴孩子。她真的做到了！她用了两年时间逐步蜕变成一个温柔的女人，在孩子5岁左右，她打电话给我报喜，说孩子开口说话了。

众多咨询实践和真实案例让我们对胎儿期的生命有了更多的认知。同时，我们也不可避免地意识到了另外一个问题，那就是胎教的重要性。很多妈妈都懂得在怀孕时要加强营养，保证睡眠，不乱吃药，确保能孕育出健康的孩子。这些是胎儿正常发育的基本的需要，可以说是胎教的第一个层次。也有很多妈妈在孕期听古典音乐，读国学经典、诗词歌赋，看世界名画，学习乐器等，这种胎教理念也是世界公认的，我们称之为胎教的第二个层次。李新异老师提出了第三个层次的胎教，即心理胎教。孩子在胎儿时期，对父母的情感交流、情绪、思想心理等状态有直接的感受，会产生相应情绪，做出相关选择。因此，父母在孕育孩子的过程中，保持中正平和的心理心态就尤为重要。

上述案例中的孩子3岁还不说话，就是父母做了负面心理胎教的结果。在咨询实践中，我也发现了这样的现象：父母恩爱，孩子沐浴在爱中，会很开心，哪怕只是妈妈用手温柔地抚摸肚皮，孩子都能感受到妈妈的关注，心里感觉很温暖；而父母吵架、冷战，孩子也承受着父母的负面情绪，内心会很痛苦，他的心会偏向弱势的那一方，出生后对弱势的那一方则表现出过分的关注，对强势的那一方会表现出莫名的抵触情绪。

如果父母因各种原因不想要肚子里的孩子，想打掉他，孩子会非常痛苦，甚至产生憎恨父母的情绪。如果父母有强烈的性别观念，希望怀的是男孩，但实际上是女孩，那么，这个女孩会感受到不被父母欢迎，出生后可能会形成敏感、讨好型人格，总想证明自己不比男孩差，最终活成男孩的模样，反之，男孩会活成贴心"小棉袄"。如果妈妈在怀孕期间因为各种原因不敢见人，害怕被人发现，孩子会同样经历这种担心和恐惧，出生后能量弱，表现出和妈妈孕期时一样的心理状态。

李老师说，胎儿时期发生的任何事情都是大事。为什么这么说呢？因为胎儿时期的经历会影响孩子的一生。胎儿时期正能量的经历让孩子能量饱满，精力充沛，开朗活泼，心理素质好，遇到困难和挫折能积极面对。反

心理胎教，让爱传承

之，负能量的经历会让孩子能量弱，经常生病，爱哭爱发脾气，遇到困难就会退缩。因此，做好心理胎教是妈妈孕期需要重视的事情，也是家庭中其他成员需要重视的事情，因为妈妈孕期的心理状态容易受其他家庭成员影响。

通过对胎儿期生命的细致了解，我们可以破除一些迷信说法。比如，孩子的某些天赋并非神仙投胎，很可能是胎儿期的经历产生的结果，无须神化，以平常心看待，从而避免出现伤仲永现象；同理，孩子的先天性缺陷与成长过程中出现的一些重大心理问题或者不良言行，也极有可能与胎儿期的经历有关，如能以适合的方法追根溯源，或能找到解决孩子问题之锁的钥匙。

如果我们在阅读过程中，回想起孩子在胎儿期经历的创伤性或突发性事件，并已经导致了某些异常现象，可以真诚地跟孩子沟通，还原当时的情境，并向其道歉、忏悔，请求原谅。医学研究认为，人的身体有自愈能力；同理，人的心理也有自愈能力。只要过错方的道歉、忏悔是真诚的，孩子的心理状态也可以逐步恢复到正常状态。若道歉、忏悔后，孩子没有任何改变，建议向专业机构求助。

关于孩子在胎儿时期的经历跟心理现象的相关性就探索到这里。当我们真正体会到孩子在胎儿时期有思想情感和相应感受，有学习、选择的能力，对孩子的各种表现就会有豁然开朗之感。我们不仅可以走出教不好孩子的迷茫，卸下因为自己不优秀而耽误孩子的沉重负担，还能无条件地欣赏、赞叹孩子的天性，鼓励、肯定孩子做到的每一件事情。如此，就应验了这样一句话：教育的过程不是灌输，而是唤醒。如果我们真正相信孩子在胎儿时期就是一个完整的生命，内心就能产生对每个生命的敬畏感，放下自己对孩子的傲慢与恣意评判，减少甚至消除我们因孩子的成长问题而产生的烦恼、痛苦。如果因为自己的无知而造成实际问题，只要我们诚心追根溯源，还给孩子一个愉悦的人生，也是可以的。

孩子的底色都是父母给的

我是两个孩子的妈妈，怀他们的时候，很期待孩子的到来，总体来说是开心的。然而，回想孕育小儿子的时候，我总是大声骂大儿子，说他不做作业，整个人非常暴躁。现在小儿子也总是大声骂哥哥，甚至动手打哥哥。小儿子骂哥哥的样子跟我骂哥哥一样，现在想想可能跟我怀他的时候的状态有关。另外，我怀小儿子的时候很晚睡觉，导致小儿子现在也很晚睡觉。原来妈妈孕期的状态对孩子的影响这么大。孩子的底色都是父母给的，孩子问题的根源来自父母。

胎儿时期对孩子的影响太大了

怀大宝时，我的身体状态比较好，天天帮这个做事帮那个做事，忙得不亦乐乎，大宝出生状态挺好，能量比较强。怀小宝时，因为跟婆家产生矛盾，有一天吃什么呕什么，非常难受。小宝出生后，比较瘦弱，需要被细致照顾。学习亲子心理课程之后才发现，原来自己孕期的行为对孩子有这么大的影响，还好现在知道了，并且学习了补救的方法，我要紧跟着大家的步伐，好好成长！

儿子用自己的身体表达对外婆的抗拒

我得知自己怀孕时不知如何处理，给妈妈打电话，她让我流掉孩子，因为当时我在供弟弟读大学，如果留下孩子就不能继续供弟弟读书了。虽然我自己也觉得当时生孩子太早了，还想赚钱，但听到妈妈这样说我还是非常难过和生气。老公告诉了婆婆，婆婆劝我留下孩子，于是我们就这样生下了儿子。儿子4个月大的时候，我带他回娘家住了半年，这期间儿子一直不怎么喜欢外婆抱，现在也不大愿意去外婆家，每年过年回去，他说爸爸的老家才是他的家乡。儿子对奶奶很亲昵，对奶奶家的老房子也很有感情，虽然住了不到一年，但每次回去都要去荒废的老房子看一看。怀女儿的时候因为婆婆觉得儿子好动，带得辛苦，就告诉我们不会帮我们带女儿。整个孕期，我都忐忑不安，担心他们真的不帮忙带女儿了，而自己又忙不过来，所以有些小心谨慎，女儿出生后性格也是很小心谨慎，乖巧听话，还很胆小敏感，跟我孕期的状态和内心期待一样。孩子在胎儿期就是一个有思想和情绪的生命，所以胎教要从怀孕就开始，真心诚意，为孩子的人生奠定良好基础，为孩子负责。

♥ 亲子心理探秘实践

请结合你孕育孩子的经历，看看你自己及周围的人、事、物对孩子产生了哪些正面或负面的影响。

第 4 天
孩子渴望因材施教

孩子渴望因材施教。孩子的各种负面情绪或重大心理问题，和父母的养育方式密切相关。

孩子在成长过程中的经历跟心理现象，到底有什么样的关系呢？

扫码观看本节视频课程

　　每个孩子都是独一无二的，既有共性，更有个性。人之初，性本善。孩子的共性就是指人人都有的真善美的本性，也叫"良知"。独一无二指的是孩子的个性。按照当前成人成材的衡量标准来说，个性中有长处和短处。每个孩子都渴望自己的长处被看到，有用武之地，获得成就感和自信心；每个孩子也渴望自己的短处被理解，并以赋能的方式被引领着逐步改善，体会成长自己、超越自己的喜悦。什么是因材施教呢？"因"的意思是根据，"材"的意思是资质，"施"的意思是指施加，"教"的意思是指教育，因材施教就是指教师根据学生的性格、志趣、能力和其他个性化差异，有针对性地进行教学，使每个学生都能扬长避短，获得最佳发展。

　　老舍先生在《养花》一文中写道："尽管花草自己会奋斗，我若是置之不理，任其自生自灭，大半还是会死的。我得天天照管它们，像好朋友似的关心它们。一来二去，我摸着一些门道：有的喜阴，就别放在太阳地里；有的喜干，就别多浇水。摸着门道，花草养活了，而且三年五载老活着、开花，多么有意思啊！不是乱吹，这就是知识呀！多得些知识，一定不是坏事。"

　　老舍先生在养花过程中关注到花草的习性，摸到了门道，并且根据花草的成长需要进行培育，收获了满院子花草开放的美景。花草尚且需要关注，有特定的成长需要，何况我们的孩子呢？优秀的老师在教育学生的过程中会细致地观察学生，也发现不同的学生需要不同的舞台，例如，推选喜欢管人管事的为班干部，让喜欢写字画画的出黑板报，鼓励喜欢唱歌弹奏乐器的上台表演，鼓励喜欢说话的做主持人、播音员，鼓励运动能力很强的参加运动会，让数学好的当数学科代表、参加奥数比赛……凡此种种，当学生的本事被老师看到，又给予相应的表现机会，他们就会像老舍先生的花草一样茁壮成长，充满阳光，充满自信。这就是因材施教的具体体现，其本质就是根据孩子的具体志趣和能力提供舞台，让孩子做自己喜欢且擅长的事。

因为喜欢，孩子就会主动积极去做，不令而行；因为擅长，孩子在做的过程中轻松自在，容易把事情做好，收获成就感；因为事情做好了，容易得到他人的认可和赞扬，进而激发了孩子把事情做得更好的动力；因为孩子想把事情做得更好，就会积极想办法，内在的潜能不断被开发出来，做事的能力不断在提升；因为能力不断在提升，他就能体会到成长的喜悦，越来越相信自己是可以的，这就是自信养成的过程。相信自己就是自信，自信是孩子成人成材最根本的素养，孩子一旦拥有这样的自信，学习或生活中遇到困难就能积极应对，并自觉把成功的经验迁移过来，不断调动自身潜能，直到解决困难。所以，因材施教的结果就是百花齐放，让每个孩子都获得最佳的发展，成为一个阳光、自信、有特定专长的人。

因材施教的孩子是幸福的、阳光自信的，人生有目标，并能主动朝着自己的人生目标前进；而志趣和特长未被看见的孩子是委屈、压抑的，容易自卑、自我否定，往往会觉得人生很无趣，缺乏目标，做什么都提不起兴趣。在第1天的学习中，那个休学的七年级孩子动手能力很强，做的手工很有创意，但他的这个志趣和特长被妈妈长期忽视。他虽然考上了名校，但因不断落后于他人的学习成绩而陷入自卑和自我否定，最后完全无法学习，只能休学在家，除了沉迷游戏，对其他事都提不起兴趣。后来，妈妈通过自我学习成长，发自内心地读懂了孩子的需求，理解了孩子的委屈和压抑，遂支持孩子按他自己的想法选择一所作业不多但动手机会多的学校。孩子在新学校如鱼得水，生命之花得到绽放，也没有落下学习，亲子关系也非常融洽。作为亲子心理咨询师，我们在亲子成长咨询过程中辅导家长，遵循的就是因材施教的原理。

....

　　《论语·先进篇》里记录了这样一则故事：有一天，孔子讲完课，回到自己的书房，学生公西华在身边侍奉他。这时，子路匆匆走进来，大声向老师讨教："先生，如果我听到一种正确的主张，可以立刻去做吗？"孔子看了子路一眼，慢条斯理地说："总要问一下父亲和兄长吧，怎么能听到就去做呢？"子路领教而去。另一个学生冉有悄悄走到孔子面前，恭敬地问："先生，我要是听到正确的主张应该立刻去做吗？"孔子马上回答："对，应该立刻去做！"冉有走后，公西华奇怪地问："先生，我感到很迷惑，他们问您一样的问题，但您的回答怎么是相反的呢？"孔子笑了笑说："冉有性格谦逊、心思缜密，但办事常常犹豫不决，所以我鼓励他遇到事情果断行动。子路逞强好胜、坚决果断，但办事冲动，往往考虑不周全，所以我就劝他遇到事情多听取别人的意见，三思而行。"

　　这是因材施教的典型故事，其本质是根据学生的性格特点，提供有建设性的改善建议，目的是希望学生纠正性格中的偏差部分，用中正平和的方式把事情做好。从这个故事中我们可以看到，孔子对两个学生的性格很了解，既看到了学生的优点，也注意到了他们的性格偏差，在被问到同一个问题时，没有给出标准答案，而是根据学生的差异给出了有利于把事情做得更好的回应。

　　我曾经幻想过，如果我的孩子有幸遇到擅长因材施教的老师，该是多么幸运啊！不知大家有没有类似的想法呢？是的，因材施教固然是老师要做的事，但事实上，孩子从胎儿时期就跟父母待在一起，直到3岁才上幼儿园，除了上学时间以外，其他时间也都和父母待在一起。所以，教育家一致认为，父母是孩子的第一任老师，也是终身的老师。曾有心理专家说："家庭是孩子成长的土壤，是孩子面对人生的动力源。家庭土壤会直接影响孩子的成长。"孩子在外面会遇到不同的老师，但他的父母是唯一的。由此看来，父母理解并学会因材施教根本就是分内之事呀。

很多孩子的问题，是因为父母读不懂孩子造成的。父母凭着本能稀里糊涂地教育孩子，不知道孩子的未来是什么，也不知道孩子将会成为一个什么样的人。他们按照一个既定的模子去塑造孩子，没有顺应孩子的生命状态、特性、特点、爱好去培养他。

曾有家长对我说："彭老师，我的第一个孩子很乖，很好带，都不用操心。但同样的方法在老二身上就不管用了。这是怎么回事啊？"大家留意到了吗？同一对父母所生的孩子，即使是双胞胎，呈现出来的生命状态也是不尽相同的，甚至有很大的反差，这是为什么呢？原因就在于父母孕育每个孩子时状态不同。同一对父母孕育的孩子状态都不同，不同父母孕育的孩子差异就更大了。因此，如果用同一种理念和方法去养育孩子，必然会出现问题。就算只有一个孩子，如果父母不懂因材施教，也不懂孩子的优势劣势、性格、心理、学习状态等，纯粹按照自己的想法养育孩子，就会不可避免地出现问题，只不过有些问题并不明显或暂时不影响生活，而有些问题不解决就无法生活下去。所以，亲子教育中出现问题并不可怕，也不可耻，毕竟我们没有系统学习过。真正可怕的是有些父母知道问题的形成原因和后果，仍以鸵鸟心态消极应对。

　　2015年我刚开办国学书院的时候，有个5岁多的孩子被父母送来。孩子的父母都很优秀，属于高知家庭。但这孩子不爱说话，每天表现出一副闷闷不乐、精神不济的样子，喜欢趴在桌子上睡觉，不喜欢学习。我知道这其中肯定出了问题。果不其然，有一天早上，我接到孩子妈妈的电话："彭老师，我要崩溃了。老大哭闹不休，不让保姆送，非得要我送，缠着我不放。我真的很不明白，为什么他会变成这个样子呢？越大越闹腾……"我说："我理解你的心情，孩子这样的状态确实会让我们抓狂。这样吧，你今天送他来，我刚好也想跟你聊聊我观察到的情况，我们一起就孩子的情况详细交流一下吧。"

　　经过详细交流，我发现两个重大的养育问题。一是，这孩子在两岁多时被送去全托，这是因为弟弟快要出生了，父母也希望老大有更强的独立性。孩子被送去全托后，每次回家后都不大愿意再被送去托管，但还是被送去了。直到家长最近意识到孩子状态不大对劲才接回家，后来送到我这儿来。二是，孩子是家里的老大，下面有弟弟，爸爸对他寄予厚望，希望他能成长为栋梁之材，在家能做好大哥的角色，从起名字到婴幼儿教育，都是带着这样的期望去做的。

　　按理说，孩子父母的养育理念和方式看起来是很不错的，比如要养成孩子的独立性，大哥就要有大哥的样子，但是为什么会事与愿违呢？孩子不仅没有养成独立的性格，反而变得很黏人，甚至黏到无理取闹。独立其实是一种心境状态，从孩子的心理发育规律来看，两岁多的孩子对父母仍然充满依恋，并不愿意和父母分开。如果强行让他独立，不仅达不到目的，孩子还会因此产生被抛弃的孤独、悲伤等负面情绪。这是根据孩子表现反推出的结论，但如何确认就是这些原因引起的呢？

　　我用性格解读工具查看孩子的性格与心理特点，发现这个孩子敏感细腻；不轻易表达情绪；害怕批评指责；在正能量的环境中容易绽放，在负能量的环境中容易沉闷。我耐心地给孩子的妈妈解读道："这孩子两岁就被送去全托，不在父母身边，得不到父母的关注，内心是委屈和压抑的，但他不轻易表达情绪。现在你知道之前做得不妥，接他回来，并且开始关注他，他才敢敞开心扉，明确表达需要你的陪伴。看起来像不懂事的无理取闹，实际上是主动在寻求你更多的关注。他从小全托，爱的缺失感比较强烈，能主动寻求关注是件好事情。我们不如再主动一些，多给他一些陪伴，能接送就亲自接送，只要我们的陪伴足够高效，爱的缺失得到弥补，他的独立性就会逐步养成。"孩子的妈妈听到我这么说，释然了，表示以后会多关注和陪伴孩子。

　　我接着说："他爸爸从小就对他寄予厚望，这让他产生很大压力，这种压力会让他透不过气，因达不到父母的要求而想逃避。他现在很容易犯困，睡眠充足还是精神不济的样子，就是这种压力导致的逃避现象。他这个阶段需要的不是责任和担当的训练，而是阳光般的温暖与呵护，需要父母看到他的优秀品质，肯定他、鼓励他，如此这般，孩子才能逐步放松下来，自然成长，成为一个阳光自信的人，但可能不是你们想象的那个样子。"孩子妈妈若有所思，对我讲的内容产生浓厚的兴趣，如今夫妻两人都成了我的同学，一起跟着李新异老师学习。现在，这位妈妈成了一名实战型亲子心理咨询师，自己开办了心理学机构。这个孩子经过爸爸妈妈耐心的陪伴和因材施教，很快走出了弱能量状态，学习状态越来越好，在家里逐步表现出大哥的样子：照顾、呵护弟弟们。因为有了经验，他的弟弟们都得到了更恰当的养育。

　　因材施教的前提是要承认每个孩子都是独一无二的，既有共性，又有个性。顺应每个孩子的共性和个性进行教育，容易达成目标；无视孩子的共性

父母的期望与孩子的渴望

和个性进行机械化教育，容易无效教育或教出问题孩子。

　　因材施教的难点在于精准地把握孩子的个性，并有针对性地给予有效的引导。那么，如何才能精准把握孩子的个性呢？李新异老师说："人的生命状态、内心世界跟自然直接相关联；千姿百态的人也与自然万物的多样性有共同之处，人与自然本来就是一体的，是有规律可循的。"为了帮助大家快速解读孩子的个性特点，李老师率领团队成功研发了一个解读生命特性的工具，即性格解读工具。李老师把自己近四十年的研究成果融入这个工具，只要输入必要的数据，便可以看到孩子的性格特点，该工具还可以解读孩子的家庭关系、能量状态、与人相处的能力、与人相处的方式、学习特点、未来发展方向等。这个工具可以帮助家长有针对性地进行教育，发挥孩子的特长，让家长懂得尊重和认识每一个生命，对同一个生命的不同阶段心中有数，从而有效地因材施教。

　　孩子是一个独立完整的生命，既有人人都具备的共同的天性，又有与父母密切相关的独特的个性。父母尊重孩子天性、读懂孩子个性才能全然接纳孩子；在全然接纳的基础上，父母若能从了解孩子的性格特点、优势劣势、学习状态，因材施教，帮助他们扬长处、补短板，则不管孩子是好动的还是文静的，能量是强还是弱，都能成人成材。我在儿子的家长会上听到这样一句话："家长是终身不能辞职、不能退休的职务，18岁以前你不管，18岁以后还是来找你麻烦，你后半生的幸福指数就是你孩子的发展状况。"我第一次听到这个说法，作为一名家长和亲子心理咨询师，深以为然。随着孩子年龄的增长，身心特点也会发生变化，持续加深对孩子及其成长规律的了解，根据他的年龄特征和个性改变亲子相处方式，是我们一辈子的功课。

我对孩子的闪光点视而不见

虽然我在思想上承认每个孩子的生长发展是具有独特性和唯一性的，然而我的行动并没有跟上我的认知，也没有完全理解孩子成长的独特性和唯一性是多么珍贵。在孩子犯错时，我的某些迎合行为可能已经给孩子带来了伤害。求同、求优的心理，让我给孩子树立了一个又一个"榜样"，埋没了孩子自身的独特闪光点。即使发现了孩子的闪光点，我也没有很好地重视，没有努力地去发扬孩子的那些优秀特质，没有及时给予鼓励，总觉得这是应该的，而忽略了孩子的进步和他对表扬的渴望。亲子和谐、成长共赢之路还很长，我得加油学习。

终究是自己学习不够

每个孩子都有自己的特色，有的父母没有关注到孩子的独特性，按照大众的教育方式去教育自己的孩子，不懂得因材施教，总是唯分数论，以为孩子成绩好就是优秀的；有的父母甚至不停打压孩子、谩骂孩子，逼他们做不喜欢或不擅长的事情，完全不考虑孩子的感受，所以孩子学习越来越没有动力、没有成就感。虽然我慢慢知道了这些道理，但还是调整不过来，习惯于逼孩子去学习，没按我的要求去完成学习任务就对孩子大发雷霆。仔细反思一番，终究还是因为自己学习不够，所以我要下定决心去努力学习，顺应孩子的生命特征去教育孩子。

我要完成角色的转变

我现在发现自己内心有一种方式、一个标准，孩子必须以这种方式成长，学生也要以这种方式学习，如果没有达到我的标准，我就会焦虑不安地去纠正他们。我没能真正看到每个孩子的成长方式和节奏的不一样。老师到咨询师角色的转变，让我更加明白，必须尊重每个人的独特性，老师可能习惯了要有个标准答案，而作为咨询师，要接受更多的非标准答案。

 亲子心理探秘实践

请结合今天的内容和自己养育孩子的经历，看看自己做对了什么？有哪些方面是需要调整的？

第 5 天
潜意识影响孩子心理

　　孩子在日常生活中呈现的正反两面心理现象是一个表象，只有深入潜意识探索相应的根源，才能从根本上解决孩子的心理问题。

　　什么是潜意识？孩子呈现的正反两面心理现象，与潜意识到底有什么样的关系呢？

扫码观看本节视频课程

　　一朝被蛇咬，十年怕井绳。为什么被蛇咬过后看到井绳都会害怕呢？这就是潜意识影响人心理的表现。那么，什么是潜意识？奥地利心理学家弗洛伊德用冰山模型进行了形象的说明，大意是：人的意识就像是漂浮在海上的冰山一般，能被看见的只有露出海平面的那一部分，但它们往往只是冰山的很小一部分；实际上，还有很大一部分冰山是藏在海平面下的，我们不能轻易地看见它们，或者看见了也意识不到是什么，在海平面下的冰山体就是无意识，也叫"潜意识"。

　　潜意识是个体心理活动中很难进入意识中的部分，主要包括人的原始冲动、各种本能和出生后被压抑的欲望，它决定或影响着人的全部有意识活动。它有一个特性，如同果实的种子一样，会一直隐藏在人的无意识区里面，随时会被听觉、视觉、味觉、嗅觉、触觉等感官触发，或者受外在的刺激而导致情绪波动，潜意识唤醒的这个过程被称之为"潜意识共振"，或者说"潜意识被激活"。

　　一天早上，一位妈妈送3岁多的孩子来书院。妈妈要离开的时候，孩子双手紧紧地抱着她的脖子，怎么也不肯从她身上下来。妈妈很无奈，她想不明白，之前孩子每天都是很开心地跟自己说再见，这会怎么就这么黏人。我当时就在书院门口，看到这一幕，知道这里面肯定有情况。我跟这位妈妈说："你要是没有特别紧急的事就抱孩子进来吧，我们聊聊。"因为我曾经协助她解决了她和大女儿之间的冲突，她对我很信任，于是抱着孩子进了书院。我当着孩子的面问她："你最近有外出吗？"她说："有的，我昨天刚从外地出差回来。""嗯，那你出差前有没有跟孩子打招呼呢？比如说告诉孩子'妈妈要出差，过几天再回来'？"她说："我没说啊，孩子这么小，要跟他说吗？"我说："当然要说，虽然孩子才3岁多，但妈妈忽然不见了，他肯定会着急啊。你出差过程中有没有打电话给他呢？"她回答说："电话也没有打，我怕我打了电话他会闹。"我很认真地说："问题就出在这里，你现在知道孩子为什么抱着你不撒手了吧？"她恍然大悟："哎呀，我明白了，他是怕我又离开他。你知道吗？昨天我回到家，这孩子看到我就冲过来要我抱，然后一直趴在我身上不肯下来，我要洗澡都不给。后来只得就这么带着他睡，没想到今天早上还是这样。"我进一步跟她解释："你一声不响地出差好几天，连个电话也没有，孩子心里害怕呀：妈妈到底去哪里了？是不是不再回来了？他心里着急，又不懂问家里其他人，一直处在妈妈不见了的惊恐情绪中，所以看到你回来了就拼命抓住你，害怕你又不声不响地离开他。"我对孩子说："宝贝，是不是担心妈妈又不见了啊？"小宝贝红着眼眶点头。我跟这位妈妈说："等下好好跟孩子说说出差的事，为自己不声不响地离开向他道歉，并保证以后外出都会告诉他，会给他打电话。"妈妈照做了，孩子的恐惧感消除，高兴地跟妈妈说再见，找小朋友玩去了。

之后，我继续询问这位妈妈："你以前有没有过不要这个孩子的想法？"她说："还真有。我是意外怀上的，由于种种原因，我不得不辞职生下他。但辞职在家的心情还是有波动，我为了他放弃了很有前途的工作，觉得自己付出很多，心里有点嫌弃他，心情不好时甚至想过不要他……"我很严肃地跟她说："你也看到了孩子的状态，这个事情一定要重视。孩子在胎儿时期是有思想、有情感的，你怀他时有过的嫌弃和不想要他的想法，他都能感受得到，并且内心很恐惧，已经形成了'妈妈不要我'的潜意识。所以，他的内心深处是很没有安全感的。你不声不响地去出差，就引发了他的恐惧意识而胡思乱想，害怕你不要他。你可以从两个方面着手：一是跟他讲讲他胎儿时期的事情，真诚地给他道歉，请他原谅，并表达你对他的爱；二是从现在开始，你一定得觉察自己对孩子的看法，全然去接纳他，无条件地爱他，让他打心底里相信你是真的爱他，从而越来越有安全感。"这位妈妈自己也学习过心理学，一下子明白了我说的话，她说："我真的没想到孕期的想法会对他现在的心理有影响，我知道要怎么做了。"她认真地照做了，并在生活中持续调整自己的心理心态，相应地，孩子也越来越成熟，遇事表现出沉稳淡定的状态。

　　从以上的案例中，我们可以看到，孩子妈妈在孕期时的想法会在孩子的潜意识里留下印记，对孩子成长过程中的心理心态产生不容忽视的影响。用一句话来形容，潜意识会一直影响着孩子的身心状态。反过来，如果没有负面思想或负面情绪的影响，孩子的身心是中正平和的，就不会无理取闹，也不会做出一些大人无法理解或无法容忍的事情来。潜意识对孩子心理的影响是如此巨大，有没有规律可循呢？是否能提前知道这些规律以便在问题发生前未雨绸缪呢？答案是肯定的。

　　李新异老师结合《大学》中修身齐家的精髓和弗洛伊德的潜意识冰山理论，构建了新异心理潜意识冰山图，用来协助大家了解人的意识、潜意识和家庭教育、社会背景之间的关系，系统梳理影响孩子心理心态的主要因素，剖析孩子心理问题形成的原因，找到从根本上打开孩子问题之锁的钥匙。

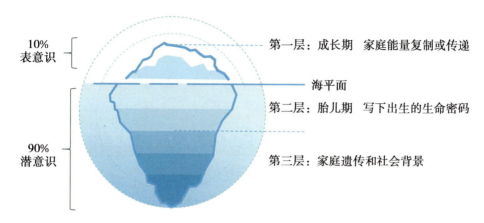

新异心理潜意识冰山图

在新异心理潜意识冰山图中，海平面上方的部分占整体的10%，这部分意识是能被观察到的，称之为"表意识"。这部分意识是在孩子出生后的成长过程中形成的，带着家庭的烙印。孩子出生后，父母的思想观念、心理心态、行为模式都会对孩子的意识产生影响，甚至会像印刷品一样直接复制给孩子，或者像遗传基因一样传递给孩子。父母关注、陪伴孩子多，孩子就容易跟父母亲近，性格开朗，与人交往时也懂得关注他人感受，懂得在他人需要时给予陪伴；父母尊重孩子，愿意倾听孩子的想法，孩子就懂得尊重他人，能够倾听他人的想法；父母允许孩子充分地玩耍，孩子在玩的过程中感受到生活的乐趣，即便是遇到挫折也不会轻易放弃生活；父母用正面思维养育孩子，经常鼓励孩子，允许孩子犯错，孩子会对自己充满信心，遇到困难也能从正面去看待，积极寻找解决办法；父母在家爱读书学习，孩子也会有样学样，爱读书学习……凡此种种，不一而足。反之，父母很少甚至从不关注孩子，孩子也不会和父母亲近，更不会关注、体贴父母；父母不尊重孩子，不给孩子表达的机会，把孩子的时间安排得满满当当，孩子也就不懂尊重父母，不给父母商量的机会，用各种方式逼迫父母按照自己的意思做；父母经常吵架、摔东西，孩子也会喜欢吵架、摔东西……这些正反两面的现象，本质是家庭能量的复制或传递，即有什么样的家风，就培养出什么样的孩子。只要把心静下来，孩子这些表面的状态都能够被觉察到。父母希望孩子成为什么样的人，就用什么方式养育孩子。如果孩子已经呈现出一些问题，找到对应的养育偏差，纠正即可。

海平面下方的部分占整体的90%，这部分意识是难以被观察到的，称之为"潜意识"。这部分潜意识总体分为两层，首先是胎儿时期形成的潜意识。我们已经了解到，在胎儿时期，孩子的思想情感和感受会随父母的生命状态、家庭家族氛围、社会环境等各方面的变化而变化，尤其跟父母的所见所闻、所思所想密切相关。胎儿期经历的一切信息会留在孩子的潜意识里面，影响孩子的一生。这部分的潜意识通常不被大众所了解，也不被孩子的父母所了解，但随着时代的发展，新思想、新技术的不断涌现，心理学领域也出现了新的实践成果。李新异老师研发的心易识人技术便能够帮助我们对每个孩子的生命状态、天赋特长、性格心理、行为模式、兴趣爱好、学习状态、未来发展方向等进行详细了解，李新异老师将这些统称为"生命密码"。只要我们了解到孩子这些本不被认知的生命密码，就能解除潜意识操控孩子心理的"魔咒"，精准地因材施教，最大限度地减少因为不懂孩子而造成的亲子教育冲突和问题。

在冰山的下面，我们还可以看到更多的部分，那就是家族遗传和社会背景形成的潜意识。家族遗传涉及我们的父系与母系家族，家族里包含孩子的祖辈及更大辈分的长辈。家族长辈的经历、生命状态以及对待生活的态度都会给后代留下相应的潜意识。这部分潜意识隐藏在我们的心灵深处，更不容易被我们看到，但却一直在影响我们。

潜意识有正负之分，正面刺激形成的潜意识对孩子的成人成材是有益的，负面刺激形成的潜意识则会阻碍孩子的身心发育，并呈现出各种问题。在多年的咨询实践中，我们发现，孩子的各种心理现象是果，原因可以追溯到孩子成长期、胎儿期时其家族成员的状态。

　　那个孩子见到妈妈回家后表现出紧抓妈妈不放的状态令妈妈感到很奇怪，通过仔细分析，我们可以知道这是潜意识被激活的结果。胎儿对妈妈是有情感依恋的，渴望自己的到来受到妈妈欢迎。胎儿如果感受到妈妈嫌弃自己，心里会很难过。当妈妈产生不想要胎儿的想法时，胎儿则会产生更大的痛苦和恐惧。虽然妈妈最终还是生下了他，但孩子害怕妈妈不要他的潜意识已在痛苦和恐惧的刺激下形成了。亲子心理学实践发现，人的负面情绪是不会消失的，孩子在胎儿时期产生的阴影也不会消失。当妈妈不告而别，几天都没有回家，其他家人也没有告诉他妈妈的去处时，孩子内心深处害怕妈妈不要他的潜意识便被激发出来："妈妈是不是不要我了……"恐惧的情绪伴随着这个潜意识一同显现，他越想越害怕。当看到妈妈回来后，孩子在恐惧情绪的驱使下死命地抱紧妈妈，因害怕一松手妈妈又不见了，便一直赖在妈妈身上，怎么也不肯下来。从孩子持续抱紧妈妈不撒手的状态可以看到，孩子的恐惧有多么强烈。我给孩子家长建议的目的，就是要消除孩子的恐惧，让他安心。孩子只有安心，才能放松自己，放开妈妈，从而健康快乐地成长。当然，对于胎儿时期形成的潜意识，并非轻易就能消除，这需要妈妈持续为孩子赋能。

　　关于潜意识对孩子心理的影响，我们就探索到这里。荣格说，潜意识被看到，命运就在改变。能看到自己潜意识如何形成的人，才能掌握自己的人生。亲子教育过程中，父母如果能看到孩子在各个阶段形成的负面潜意识，便可以更精准地因材施教，让孩子健康成长。同样地，对于我们自己，经常会有心中知道但做不到的感受，我们明明很想爱孩子，但却爱得痛苦，且不知不觉伤害了孩子，与爱背道而驰。因此，我们也很有必要追根溯源，从不同层面了解自己的潜意识，以及这些潜意识对我们现在的身心、家庭生活、事业以及教育孩子有什么样的影响。比如那位不告而别的妈妈，为什么她已经决定生下孩子还是会在怀孕期间有患得患失的心理：为什么她有不想要肚子里孩子的想法呢：为什么她在出差时没有告诉孩子，回家后也读不懂孩子的心情：这些问题看起来很正常，但背后都是有原因的，这跟她自己成长过程中的经历密切相关。当我们把这些潜意识了解清楚，就可以打开生命格局，为自己为孩子提供更肥沃的成长土壤。这个过程可以叫作"激活生命潜能"。具体怎么做呢？留待下面的章节来详细探讨吧。

家族遗传的本质是潜意识作用的结果

学员内心告白

我跟妈妈一样

　　只有潜意识被看见，学会追根溯源，改变自己，才能改变孩子。我现在明白为什么父母孝顺，自己的孩子也孝顺，原来是孩子复制了父母的模式。回想自己的成长经历，有很多地方是受了父母的影响。比如妈妈能力很强，但是很传统，很重视家庭，认为男人在家庭里是天，即使自己能力再强，也应由男人当家做主。所以，我现在看上去虽然很强势，像个男人一样，但是，跟妈妈一样，骨子里还是非常传统，非常重视家庭。听了这节亲子心理课之后，慢慢地回忆自己的成长经历，确实有很多父母的烙印，只是自己不知道而已。所以学习真的很重要，跟着优秀的人在一起，自己也会变得优秀。

我活在父亲的观念里

　　小时候，我的父亲就给我灌输一个观点——只有学习、考上大学才能出人头地，改变命运。从小我很努力地去学习，花很多的时间在学习上，为了取得好成绩，克制和朋友玩游戏的冲动。这些观念和行为使我在现在的生活中或者工作中总是追求效率，不喜欢浪费时间在很多小事上，甚至会因为多睡了一会而内疚和自责，感觉自己浪费了时间和生命，心情就会变得烦躁。这个观念还让我经常看不惯别人做事拖拉、效率低下，比如喊孩子去写作业，一遍、两遍、三遍总喊不动，我就会火冒三丈，忍不住朝她发火。我当时认为，作业肯定是要写的，既然如此，为什么不能麻利地、高效地完成呢？为什么要在这里浪费时间呢？原来这背后是自己对于虚度时光的焦虑，总是想要功成名就，不能把心安在当下。因此，耳濡目染也好，言传身教也罢，我们真的不知不觉从父母身上复制了很多相同的模式和认知，这需要我们去看见，才能够摆脱束缚，才能更好地成为自己。

我和儿子被玩笑话阻碍了成长

今天学习了潜意识的影响，我了解了孩子的问题是果，只有找到根源才能解决问题。先说说我自己吧，我小时候是爱唱歌的，但可能因为使用声带不当吧，导致声音比较沙哑，被同学笑话像母鸭叫，这使我后来对唱歌一直非常排斥，渐渐地也觉得自己五音不全，唱歌老是跑调。这应该就是负面潜意识造成了今天不敢开口唱歌的结果。再来说说我儿子，我儿子因为从小长得比较胖，屁股比较大，家里大人用潮汕话编了一句比较押韵的话来说他，意思是说他跑步时屁股颠颠颠跑不快之类的，所以儿子从小到大一直都不大愿意跑步。家里人完全没想到一句玩笑话竟然种下了这样潜意识的因。

❤ 亲子心理探秘实践

回顾过去的亲子教育过程，从潜意识角度分析孩子正、反两面心理现象形成的根本原因，并针对孩子的负面心理现象制订从根本上解决问题的方案。

常识篇的内容到这里就完结了。常识内容并非有心理困扰或心理问题的人才需要了解。在我看来，每个人都有七情六欲，在生活、工作中都会产生正、反两面的心理现象，探索心理现象产生的根源，寻找调整负面心理现象的解决思路和方案，应该跟吃饭、睡觉一样稀松平常。如果本篇的常识能引发大家对心理困扰和心理问题的重视和理性关注，进而深入探索亲子心理的更多奥秘，必将是孩子之福、家庭之福、社会之福。让我们带着这些常识，开始下面的探索吧。

问题篇

　　在亲子矛盾中，亲子双方可能都会认为是对方的问题，都希望对方能改变。父母觉得孩子不听话、难教，想尽办法改变孩子；孩子则认为父母不可理喻，父母间相处不融洽，也不理解自己，用各种方式甚至以不惜伤害自己的方式引起父母的关注。亲子矛盾的双方都是痛苦的，没有赢家。这一切到底是什么原因呢？

　　俗话说，一个巴掌拍不响，亲子问题会频繁出现在家庭教育中，除了孩子的心理心态不被认知的原因以外，父母本身的心理心态也是不容忽视的因素。在了解了影响孩子心理心态的常识性内容后，我们来探索亲子教育过程中父母的内心世界。

　　本篇和大家一起从父母心理的角度来探索亲子问题的缘由。本篇包含4部分内容，我们将用4天时间来了解父母的内心世界。

第6天

父母的"巨婴"心理现象

在养育孩子的过程中，一些父母常常出现"巨婴"心理现象，他们与孩子相处时流露出的不成熟人格及心智模式是亲子问题的根源之一。

父母的"巨婴"心理现象与孩子的心理问题，到底有什么样的关系呢？

扫码观看本节视频课程

大多职业都有岗前培训，但人们在成为父母之前并没有岗前培训，大多凭着本能或前人的经验来养育孩子。因为没有学习过，难免有不懂或做得不当之处，这其实是正常的、可以理解的。但是，奇怪的事情发生了，做父母的往往会不知不觉地呈现出这样的现象：一是全能自恋，即觉得自己无所不知、无所不能，觉得孩子什么都不会，在养育孩子的过程中，包办、掌控一切；二是极端心态，即希望孩子无条件地听从自己，孩子不听话就生气发火；三是即刻满足，即要求孩子不要犯错，即便犯错了也希望一次就能改正。父母的这种状态就是心理学上讲的"巨婴"心理现象，因为婴儿的心理确实有这样的特点。婴儿以为自己是世界的中心，希望外部世界按照自己的想法运行，希望自己的需求得到即刻满足，这无可厚非。但如果父母用这样的心理养育孩子，会对孩子产生什么样的影响呢？

能量弱的孩子从小很愿意按照父母的安排去做，表现得很乖顺，努力去达成父母的目标，父母觉得孩子很听话、很好带，自己的教育很成功，虽然辛苦但很欣慰。父母终于熬到孩子成年了，该把话事权还给孩子了，此时孩子却很茫然，面对自己的学习、生活毫无主见，什么都干不了，无法独立生活。父母无法忍受这种情况，认为孩子应该长大了，不能再依赖父母，希望孩子快速独立，孩子做不了事或做错事时，父母就生气发火或非常焦虑，渴望孩子马上具备一个成年人应有的素养。面对父母的变脸，孩子往往会觉得委屈、愤怒："以前都是你们替我做的，我怎么可能一下子就掌握呢？""你们不是要我听你们的吗？我都习惯了，现在又来怪我？""我就是没用，你们才知道吗？""你们以前给过我机会做决定吗？我心里有多压抑，你们知道吗？你们不要再管我了！"亲子冲突就这样发生了。站在孩子的角度，我们发现，在这种无微不至的养育氛围中，孩子一直像一个婴儿一样，衣来伸手，饭来张口，不需要自己思考问题，不需要自己解决问题，不需要自己规划人生。结果，孩子没能养成思考问题的习惯，没有解决问题的能力，学习和做事没有目标、没有规划，也没有人生梦想。遇到问题只会待在原地或退缩，或者根本看不到可能存在的问题。父母用"巨婴"心理养育出的孩子，身体长大了，但思想和生活能力仍然是婴儿的水平。

⋯⋯⋯⋯⋯⋯⋯⋯⋯⋯⋯⋯⋯⋯⋯⋯⋯⋯⋯⋯⋯⋯⋯⋯⋯⋯⋯⋯⋯⋯⋯⋯⋯

多年前，我接待过一位家长，她因儿子的状态来找我做心理咨询。她的儿子在学习上很优秀，考上了高中名校，高中学习也没有让父母操心过。直到高考后的暑假，她突然发现，18岁的儿子生活能力很差，出门总是忘带东西，在家连洗衣机都不会用。孩子上大学后，因为生活能力欠缺，解决问题的能力不强，甚至没有修满学分，导致毕业困难。经过辅导，孩子终于毕业了，但不愿意出去工作，宅在家里，昼夜颠倒，饮食无度。如果父母跟他谈论工作问题，双方就会吵架。这位妈妈非常苦恼，不知道该怎么办。经过咨询，她意识到自己在孩子小时候对其照顾得太细致了，孩子只需要学习，其他事务都不用管，因为没有做过家务，所以不懂得用洗衣机；因为出门都有车接送，所以不懂得自己外出要带交通卡；因为学业规划都是老师做的，所以大学时不懂得规划自己的各科学习，拿学分⋯⋯这位妈妈说："我该怎么办呢？过去的事情已经改不了了啊。天天看着孩子宅在房间里，我心里着急、焦虑，就会忍不住去说他，一说就会吵架。我现在晚上都睡不着觉，他的未来怎么办啊？难道就让孩子宅在家一辈子吗？我知道自己做错了，但我现在该怎么办呢？⋯⋯"

是的，对于已经出现的孩子问题和亲子冲突，我们不能视而不见，需要想办法解决。怎么解决呢？解铃还须系铃人，虽然孩子已经成年，但要解决孩子的问题还是得从父母入手。父母先得处理好自己的焦虑情绪，要能够深入理解孩子小时候承受的压抑和愤怒，理解孩子的现状不全是孩子的错，明白改变孩子的现状首先需要自己的全然接纳、爱的陪伴和静待花开的耐心，也就是说，孩子尽管已经成年，但能力不足，缺乏独立性，父母仍然需要把他当孩子一样对待，并按照恰当的方法来协助孩子习得独立生活的能力。这位妈妈经过系统的学习，不断提高认知水平，调整心态，不再随意批评孩子，全然接纳和陪伴孩子，支持孩子做他想做的事情，为孩子做到的每件事情点赞，哪怕是事情做得不好也不指责，而是肯定其中积极的一面。大约一年时间后，孩子凭着自己的努力考上了硕士研究生，进入学校深造，开启了独立自主的人生旅程。

父母用"巨婴"心理养育的孩子，如果能量强，则有很强的主见，即便是在婴幼儿时期，也不愿意听从父母的安排。如果父母一定要细致包办，孩子就会用各种方式进行反抗，直到父母认识到自己的问题。

曾有个年轻的妈妈向我求助，她说自己7个月大的孩子跟自己待在一起就很安静，但抱到外面就很活泼，对陌生人的逗弄会愉快地回应，在家里跟爸爸也有开心的互动。她说："我特别害怕孩子出问题，照顾得很细致，我生他后就专注带他，不敢分心做自己的事，他为什么会有这种表现呢？"通过性格解读工具，我看到这个宝宝是个能量很强的孩子，而妈妈则能量较弱。妈妈因为能量弱，特别害怕自己照顾不好孩子，所以照顾得很细致，而能量强的孩子长到了7个月之后已经很想到处探索了，但妈妈察觉不到孩子的需求，觉得孩子很弱小，又什么都不懂，便经常阻止孩子的探索性活动。

我们知道，孩子在胎儿时期就是有思想情感、可以做出选择的，婴儿时期当然也是如此，当他总是受到妈妈细致呵护或温柔的阻挠，无法做自己想做的事情时，就会很憋屈，跟妈妈在一起就会有所顾忌，为了避免跟妈妈产生冲突，他干脆让自己歇下来，不玩了。这就是孩子在用自己的方式跟妈妈"对抗"，当妈妈发现孩子跟其他人在一起很活泼时，就开始怀疑是不是自己有问题，于是前来咨询。我给这位妈妈讲解了孩子和她自己的状态，建议她一定要提高对孩子的认知水平，提升自己的心理能量，如果继续按照自己的想法去细致呵护孩子，孩子会持续压抑，等他会走路了，就会脱离你的掌控，不愿意跟你待在一起，如果无法脱离你的掌控，他就会表现出各种调皮捣蛋的行为。这位妈妈后来没再找我，想必已经掌握了和孩子的相处之道。

很多父母希望幼儿期的孩子说到做到，遵守承诺，一旦孩子说了没有做到，父母就会因担心孩子长大后不守信用而批评孩子。这种希望幼儿期孩子说到做到的情况非常普遍，我也有过这样的心理，为此在东东4岁左右时有一次把他关在了门外。当时我们一起读书，东东承诺了要认真读，但在读书过程中小动作不断，喝水、上厕所轮番上阵，提醒了也没用，我终于忍无可忍，把他抱起来放到门外，要他反省自己。后来，我学习到儒家的一个修身原则，即"小儿修安"，在孩子0~7岁期间，主要培养其内心的安详和行为举止上的安全感；"少年修诚"，8~18岁期间，培养孩子的真诚和自信；还有"青年修正""中年修明""老年修得"。学到这个修身原则，我才知道自己错了，我要求4岁的孩子说到做到，没做到就丢他到门外反省，不仅没有让他感受到安详的心境，还让他体会到被丢出去的恐惧，降低他的安全感。我因为对孩子身心成长规律的无知，要求他做到超出他年龄范围的事情，不可避免地让他在成长过程中承受了很多负面情绪。

父母的"巨婴"心理现象

　　为什么有些父母懂得尊重孩子，而有些父母则表现出全能自恋型或即刻满足型"巨婴"心理现象呢？中国有句古话：三岁看大，七岁看老。反过来看，成人的生命状态跟其三岁前的成长过程有关。他们的人格特质和心智模式早在三岁前就奠定了。在亲子心理咨询实践中，我们发现，有些父母三岁前被送养或寄养，或父母离异、去世，他们和父母之间的亲情是断裂的，童年缺乏父母之爱，吃了很多苦，不懂什么是爱。可以说，在心理上，这样的父母确实是"巨婴"。当他们成年后养育自己的孩子时，便凭着不希望孩子受苦受罪的本能，将最好的东西、最细致的呵护给到孩子，他们竭尽全力地对孩子好，一旦遇到孩子的对抗，则难以理解孩子的行为，并且会感到委屈和伤心。那位被7个月大的孩子区别对待的妈妈就是这个情况，她的童年是在爷爷奶奶家度过的，跟父母之间没有爱的连接，在带自己孩子的过程中，不仅感受不到孩子的需求，还总是担忧、害怕孩子有问题，机械式地按照自己认为对的方式去带孩子，结果，还是小婴儿的孩子就在她的管控下放弃了做自己，在她面前只是安静地待着。

　　一些家长在自己的童年期虽然和父母生活在一起，但是不被关注和尊重，导致亲情淡漠。他们养育自己的孩子时，不懂如何关注和尊重孩子，内心没有温情，只知道凭着本能机械式地要求孩子按照自己的想法去做，做不到就批评教育孩子，甚至动用棍棒等措施进行惩罚孩子。回想以前的我，就是属于这种亲情淡漠的情况，我在童年时期常常和父母在餐桌上表达我的看法，但总是得不到回应，我甚至通过写信的方式将我想表达的写出来，仍然被漠视，最终我放弃了表达自己，到初中时开始住校，自己决定自己的一切事情，看起来很独立，但我的内心其实是冷漠的。这份冷漠在我带自己孩子时从不同角度逐渐体现出来。那一次，我把孩子放在门外，毫不犹豫地关上门，他惊恐的眼神和撕心裂肺的哭声都没有触动我的心……在亲子心理咨询过程中，类似我这样的来访者比比皆是，其童年期不被父母关注和尊重，几乎是共性问题，只不过情节轻重有所不同。

事实上，"巨婴"心理现象不独是某些父母的状态，绝大部分父母在养育孩子的某些阶段或某些事情上都可能出现过。正因为有了孩子，父母才能发现这些不成熟的人格及心智模式。于是，"养育孩子是家长的一场修行""养育孩子是父母第二次成长的契机"等观点成了爱学习的家长的共识。但是，我也发现，很多父母并不想让自己成长，甚至在孩子出现了问题之后仍然害怕承认自己有需要学习的地方，这些心理其实也是"巨婴"心理现象的一种表现。无数案例表明，孩子是父母的镜子，从孩子的样子可以看到父母的样子，问题孩子背后一定有一对没有幸福感的父母，父母幸福了，孩子的问题就迎刃而解了。因此，疗愈父母是解决孩子问题的捷径，尤其是12岁以下的孩子，疗愈父母比直接疗愈孩子的效率要高很多。这背后的道理其实不难理解，因为父母是孩子成长的土壤，父母的人格或心智模式不成熟，养育出来的孩子自然会呈现相应的不良状态，要让孩子茁壮成长，就得先改造父母这块土壤。

也有很多父母正视自己的问题，一直在寻找提升家庭教育品质的方法。他们到处学习，从家庭教育到心理学，学了很多，虽然没有解决根本问题，但他们没有放弃，一直在孜孜以求，这种精神很值得我们学习。

如果我们在孩子教育问题上深感无力和痛苦，不妨把焦点放在自己身上——先处理自己内心的痛苦。我们自己的痛苦得到疗愈后，就能切身体会到孩子内心的感受，从而放下面子，真诚地就自己曾经对孩子的不当教育向孩子道歉、忏悔，请求孩子的原谅，并调整当下的养育模式。孩子是我们生命之河的下游，只要我们这个源头改变一点，孩子就能跟随改变一点，我们改得越多，孩子调整得越快。如果我们意识到了问题，但做不到向孩子道歉或道歉了没有效果，说明自己童年的创伤隐藏得比较深，需要深度疗愈。只有我们自己的童年创伤得到疗愈，对孩子的道歉才能真诚，真诚的道歉才能打动孩子的心，让孩子有力量摆脱负面情绪的束缚。当然，如果我们不认为自己做错了，这也是正常的，因为要突破固有的观念确实是不容易的。

关于父母的"巨婴"心理现象就探索到这里，希望我们都能从养育孩子的过程中进一步看懂自己，成就自己，真正成为孩子的引路人。

学员内心告白

用自己的思维高位来检视孩子

关于父母的"巨婴"心理现象，我想我和太太都有。还记得女儿刚读一年级的时候，我辅导她做作业时，就常常用自己的思维高位来检视女儿，讲解一遍、两遍，孩子还不理解，就会讥讽她甚至骂她。现在想想自己的想法和行为该对孩子造成多么大的伤害。还好有幸接触到了新异心理教育，我现在对大宝和小宝的教育尽量按照亲子心理学原理来引导他们，让他们有个健康快乐的童年。

没安全感的我给孩子太多的压力

我从小缺乏父爱，所以我找对象就是在寻找父爱，对象须年龄比我大，要给我爸爸的感觉。由于我从小习惯了听从大姐的安排，长大了也缺乏自己的主见！这些都使我在养育孩子的道路上走了很多弯路。在女儿刚上一年级时，我就要求她写字要像打印稿那么工整，课后还给她安排了许多课外作业，超出了她的承受能力，给她带来了太大的压力。直到学习亲子心理知识后，我才知道自己的错误，所以做父母的都要认真学习，反省自己，改变自己！

要求孩子像我一样懂事

听完父母的"巨婴"心理现象一课后，我深刻反省自己，发现自己身上也存在这个问题。在孩子小的时候，我也常会要求她做到她那年龄根本做不到的事，很多事情，我总是没有教就理所当然地认为她应该懂甚至应该做到。这缘于我自己小的时候，父母太忙了，他们极少有时间陪伴我和我哥，也根本无暇关注到我们。但我从小就会分担家里绝大部分的家务，能体恤父母的辛苦，压制了自己许多需求。所以，我认为自己孩子也一样需要特别懂事，一旦她做出与我惯有模式不同的事情，我就会非常生气，觉得孩子触犯了我的底线。原来这一切都与我自己没有真正长大有关。

亲子心理探秘实践

请回忆一下自己在家庭教育中的想法和言行，是否有哪些是或者像是"巨婴"的心理状态？如果有，想想如何让自己的心智变得更成熟。

第7天

父母也是"复印件"

绝大部分父母常常在不知不觉中活成了自己父母的样子，按照父母养育自己的方式养育孩子，这种无意识的复制现象也是亲子问题的根源之一。

父母也是"复印件"与孩子的心理问题，到底有什么样的关系呢？

扫码观看本节视频课程

　　古有"龙生龙，凤生凤，老鼠的儿子会打洞"的俗语，今有心理学的实践成果：孩子是父母的"复印件"，有什么样的父母就有什么样的孩子。为什么这么说呢？这里既有基因遗传的因素，也有潜意识影响人的性格、心理、行为模式的因素。孩子是父母所生，又是由父母培养出来的，孩子呈现的生命状态自然会深深地打上父母的烙印。所以，从逻辑上来说，如果你觉得自己的孩子是问题孩子，那么，这个问题孩子的背后一定至少有一个问题爸爸或问题妈妈。

　　在咨询过程中，我看到了父母面对孩子问题时的众生相。一些从未想过自己有问题的父母在谈及孩子的一些问题言行时，是有委屈和愤怒情绪的。他们打心底里认为，自己为孩子付出了很多，已经尽到了为人父母的责任，但孩子却没有好好地成长，这是孩子的错，孩子应该要改正。带着这样的想法，他们不愿意相信孩子的心理真的出现了一些偏差。一些很爱孩子但不觉得自己有问题的父母内心很痛苦，不知道该怎么办，因而害怕面对孩子，避免和孩子交流，一旦知道某个地方能改变孩子，便想将孩子送去，实在没办法了就送医院，让他吃药治疗。当孩子吃药出现副作用时，新的痛苦又出现了，他们又感叹什么时候是个头。有些意识到自己有问题的父母尝试改变自己，但经过一段时间的努力后发现，孩子收效甚微或根本没有改变，便放弃，"我已经尽力了，这就是命啊"成为他们的口头禅。有些意识到自己有问题的父母一直努力学习，不断调整自己，在解决孩子问题的路上成就了自己。

为什么同样是孩子出现问题，父母的表现会不一样呢？真相很简单，也很有趣，因为做父母的曾经也是孩子，也是他们自己父母的"复印件"，"有什么样的父母就有什么样的孩子"在他们身上同样适用。因此，要解决父母的困惑和情绪问题，就得深入了解他们当年是如何被"复印"的。当他们解开自己被父母"复印"背后的原因，就有望智能"复印"，有所取舍。

还记得那个考上名校上了半个学期后就休学的孩子吗？他的妈妈是个优秀的老师，特别希望孩子通过学习变得优秀。于是，在孩子小学阶段时，妈妈就把他所有时间都安排得满满的，周末也没有时间玩。当他在学校感受到巨大的痛苦想要休学时，妈妈完全无法接受。但不管她是否接受，孩子都不再继续去学校，而是一反常态地在家打游戏，叫他出去玩都不去。那段时间，在妈妈眼里，孩子就是个怪物，不仅脾气很差，还常常拒绝跟她交流，并中断心理咨询。优秀的妈妈不甘心，很想解决孩子的学习问题，试了很多办法都没能让孩子改变分毫。面对孩子的状态，妈妈担心他没有未来，担心他的人生就这么毁掉，负面情绪如排山倒海般席卷而来，导致夜不能寐，工作状态也受到影响。据她说，每每想到儿子放弃了来之不易的读名校的机会，痛苦得无法自拔。她下班后不敢直接回家，在外逗留到很晚才回去，原因是害怕面对孩子，不知道拿孩子怎么办。

这位妈妈为什么会在孩子从小就占用孩子的所有时间，逼着孩子优秀呢？为什么在孩子放弃名校时，妈妈会如此痛苦呢？为什么她会认为不读名校人生就毁了呢？在与这位妈妈沟通之后，我判断她是受到了潜意识的影响。我告诉她："你如果想彻底解决孩子的休学问题，就得拐个弯，从自己身上入手。我建议你做潜意识情景对话，我是导游，可以带你看清你的潜意识，协助你明白自己为什么会如此痛苦，协助你明白孩子为什么不想去学

校。同时，还可以帮助你清理这些让你寝食难安的痛苦情绪，轻松明白地面
对孩子，和孩子一起解决上学的问题。"这位妈妈听从了我的建议，做了潜
意识情景对话，摘录部分内容如下：

咨询师：孩子休学在家你有什么感受？

来访者：我很难过。他在家，上不了学。可能会像我姐姐那样（大
哭），我看到姐姐很不开心，我很心疼她，觉得她很可惜。

咨询师：姐姐发生了什么事情？

来访者：她读书好，但爸爸不支持她继续读书，要她做生意。

咨询师：对此，你有什么感受？

来访者：我很生气，我觉得爸爸毁了姐姐。我以后一定不能这样对待我
的孩子。

…………

咨询师：儿子不去学校了，你有什么感受？

来访者：我真的很难过，他放弃了那么好的条件，我特别难过
（大哭）……

咨询师：对比儿子放弃好学校和爸爸不让姐姐上学，其中有什么发
现吗？

来访者：我就是爸爸，要儿子做我想做的事，不让他做他想做的事……
原来我在重复爸爸的模式，要孩子做他不想做的事。孩子累了，做不到，
退回来了，他当时不敢说，老公支持儿子，是我放不下，儿子就纠结、
痛苦……

从来访者反馈的内容中，我们可以很清晰地看到，她对自己姐姐当年被
迫放弃学业耿耿于怀，非常心疼姐姐。于是，当她养育自己孩子的时候，就

希望竭尽所能，让孩子能够在学业上取得优异的成绩。孩子在小学阶段的表现确实很优秀，考上了当地的重点学校。但是，当孩子受不了想要放弃时，她内心的负面潜意识被激发出来，当年姐姐被迫不能上学积压的情绪全面爆发。通过对比，她看到自己活成了爸爸的样子，逼着孩子做不愿意做的事。

通过系统的咨询，她清理了当年积压的负面情绪，终于能感受到孩子的痛苦，她"看"到孩子在学校逼着自己学习，累了也不敢说，实在受不了才想放弃，看到这一切，她号啕大哭，明白了自己在以爱的名义伤害着孩子，终于理解孩子为什么想放弃那个学校。至此，她发自内心地接受孩子放弃名校的事实，愿意支持孩子做他想做的事。因为妈妈的情绪得到释放，认知得到升华，心境得到提升，孩子在妈妈那里感受到的不再是压抑和沉重的负能量，他开始向妈妈表达自己的内心感受和真实想法，亲子沟通终于同频，问题迎刃而解。

在咨询过程中，这位妈妈还说，父亲不仅强势地要她姐姐弃学从商，对她也进行了很强势的教育，不论自己表现多么优秀，都没有得到过父亲的肯定和夸赞。于是，尽管自己已经很优秀了，但还是会因为内心的莫名不安而逼迫自己不断进步。有了儿子后，她也总是觉得儿子不够优秀，不停地告诉儿子还要做得更好，孩子不知不觉地也被逼着不断努力。这两个潜意识因素操控着妈妈的思想，进而复制给了儿子。妈妈的言传身教让这个孩子习惯了逼着自己变得更优秀，去到名校后依旧非常努力，但当他发现自己用尽全力也达不到小学阶段的那种优秀时，终于不顾一切地放弃变得更优秀的目标，自暴自弃，休学问题就这样出现了。

可以看到，这位来访者的父亲、来访者自己和来访者的孩子，三代人之间的教养模式有着共同特点。一是无意识性。如果不是孩子闹着休学，这位妈妈根本不会认识到自己的教养方式有问题，也体会不到孩子承受了多么大的痛苦，她一直以为自己很重视孩子的学习，比自己的爸爸做得要好。而来

妈妈是"复印件"

访者的父亲肯定也不知道自己的养育方式会对女儿影响那么大，进而影响到外孙。通过初步咨询，来访者认识到自己有问题，但还是不知道自己为什么会有问题，真正的谜底是在后续的潜意识情景对话中揭开的。二是类似性。父母怎么对待自己，自己就用同样的方式对待孩子。这位来访者的父亲非常强势，希望孩子按照自己的想法去做，结果，来访者也复制了父亲的强势，一直要求孩子按照她自己的想法去做。所以，她在咨询中说了这句话——"我就是爸爸"。

在孩子问题上，父母往往无法理解孩子的言行举止，认为是孩子有问题，希望孩子能够做出改变。但父母越希望孩子改变，孩子就越认为父母不理解自己，亲子间的矛盾冲突就越容易激化，像个死结一样，无法解开。事实上，就亲子问题的双方而言，无论是孩子还是父母，其实都是"复印件"，但相对孩子而言，父母是"原件"。要想从根本上解决孩子的问题，就得从"原件"入手。而要改变父母这个"原件"，就得追溯到父母的童年，因为父母的生命状态是果，只有回到因上才有解决果的可能性。因此，李新异老师提出"三代因果"的概念，从三代因果的角度来看待孩子的问题，解决思路更简单高效。

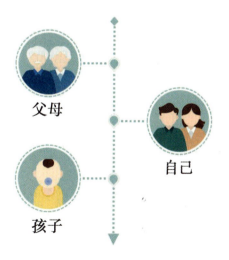

新异心理三代因果关系

　　这个三代因果关系看起来很简单，但却有着深刻的内涵。在家庭教育中，无论是好的家风还是不好的家风，都会遵从父母—自己—孩子这样的路径一代又一代地传递下去。如果孩子的祖辈懂得了这样的道理，主动为错误的养育方式向儿女道歉，那么，孩子的父母会很快意识到自己的问题，并调整对孩子的养育方式，亲子问题迎刃而解。但大多数祖辈是难以意识到这样的问题的，更不会向儿女道歉，这是正常现象，因为他们年龄大了，思维已经固化，改变他们是极其困难的，所以，我们不提倡来访者去找父母解决与他们之间的问题。那怎么办呢？李新异老师提出一个新的观点，"做家族的'人文始祖'"。这背后的逻辑是这样的：既然一家三代甚至是历代的家风传承经由一条路径，那么可以改变源头，也可以切断中间路径，既然源头的父母难以改变，那就将父母和自己中间的传递路径切断，让自己变成一个新的源头去滋养孩子的生命。

　　怎么切断呢？如果我们希望把自己的小家庭建设好，把孩子教育好，那么我们首先把自己父母好的品质留下，坏的去掉，也就是把父母和自己之间的不良家风传递路径切断，把父母传给自己的好的品质发扬光大。然后，通过自己的学习成长，对从父母那里传递过来的负面因素进行改变，让自己有更好的心境与智慧创造和谐美满的家庭氛围，把更多正能量传递给自己的孩子。

　　大部分成年人心里都住着个小孩，或多或少会有"巨婴"心理，仍然渴望父母的关注、尊重和爱。在我看来，这个小孩其实就是我们童年时遭遇不幸成长经历形成的潜意识心理及影像，当我们看明白这一点后，就可以主动拥抱这个小孩，并告诉他，我看到你了，我理解你心里的苦，长大的我们不必再像小时候那样期待父母关注和尊重自己，而是通过学习成长疗愈童年的伤痛和爱的缺失感，让自己的心智变得成熟而有担当。这就是做家族"人文始祖"的内涵，是超越自己的具体体现，是第二次长大，也是主动创造崭新人生的开始。

　　"无论原生家庭有多么糟糕，我们都可以选择做家族的'人文始祖'。"我就是被这样一句话触动了，内心升起一股强大的力量，从而有勇气去面对和疗愈内心深处的伤痛和沉重的家庭负能量，最终活出自己的模样，给孩子一个懂他爱他的妈妈。我们帮助过的成千上万家长也同样通过这样的方式摆脱了家庭负能量的束缚，构建了和谐的亲子关系。

我活成了妈妈的样子

我是在妈妈的宠溺下度过童年的，从没被妈妈责罚过，这种方式我也复制到与女儿的相处中，很多时候容易心软，无法坚定地执行一些规则。在我步入青春期之后，妈妈很少顾及我，我拥有了自由，但也缺乏指引，所以经历了一个很不容易的青春期，没有感受到来自母亲的关心。到了女儿青春期，我也无意识地忽略女儿许多需求，逃避一个母亲很多应尽的义务。学习了今天这课之后，我终于鼓起勇气去面对这些伤痛。

吵架和冷战，都对孩子有伤害

在我小的时候，爸爸妈妈每天吵架，这让我暗暗发誓：以后我有孩子了，肯定不在孩子面前吵架！其实生活中哪能没有摩擦，有问题及时有效沟通才能解决问题，有时候一些争吵并不全是坏事。而我在处理生活问题时选择冷战，孩子都感受到，这给孩子造成了更大的伤害。在我的认知里，父母当时吵架是因为生活困难，这导致我在养育孩子过程中一味追求物质上的富足，没有关注过他们的精神需求。我自己感受不到爱，也不会对他人表达爱；自己没上过大学，却要孩子努力考上大学，让孩子除了补课还是补课，希望孩子能考上大学来弥补我的遗憾。现在我终于看到了自己的问题，希望以后不管发生了什么事，我都能沉下心来疗愈自己，去感受爱，然后学会去爱他人。

我跟妈妈一样

我是完全复制了我妈妈的育儿方式，以她对我的方式去要求我自己的孩子，特别是老大。小时候，妈妈总是习惯要求我做家务，例如种菜、浇水、洗衣服……放学后或者周末，妈妈从不会管我的学习，只让我干活。有时候我周末不想早起，想赖一会床，很快就会被妈妈的口水淹没。没想到现在我也在用这种方式去要求孩子。女儿周末不学习，我就会焦虑不安，絮絮叨叨，说话尖锐刻薄；看到她不收拾房间也会批评她。现在女儿正值青春期，我每次说完她之后，心里又害怕又后悔，担心她脆弱的心灵受到伤害。通过学习，我深知在家庭生活中，若能清晰解读或把握亲子心理现象，并能有针对性地进行调整，家庭教育就不会再是一团乱麻。

 ## 亲子心理探秘实践

请梳理一下你的父母的教养模式与你自己的教养模式，思考如何成为家族的"人文始祖"。

第 8 天
亲子防御机制

　　每个人都有防御心理。当亲子一方或双方在对方面前持续感觉到焦虑、痛苦等负面情绪时，就会为了保护自己而启动防御机制，亲子关系变得疏离或容易起冲突。

　　亲子双方的防御机制跟孩子的心理问题，到底有什么关系呢？

扫码观看本节视频课程

　　我们在成长过程中可能会因为各种遭遇产生了匮乏感、缺失感、压抑感或受伤感等负面感受，进而产生不安全感。为了使自己不被负面情绪所困扰，我们就会启动防御机制，对外界保持防备心或者发出攻击性言行。启动防御机制是潜意识被激发的外在体现，是内心痛点被触碰后的自然反应，亲子相处过程中经常会发生。防御机制会影响亲子沟通质量，甚至会造成亲子问题，让父母和孩子都难以成长。

　　孩子说谎是防御机制的一种体现。很多父母不能容忍孩子说谎，为了帮助孩子改掉说谎的毛病，有些父母会施以极为严厉的惩罚。从亲子心理学角度来看，说谎不是孩子道德有问题，而是孩子进行自我保护的一种防御机制。如果父母对孩子的教育比较严格或严厉，孩子表现不好或做错事时就用批评、惩罚的方式对其进行教育，孩子在父母面前就会战战兢兢，一旦做不到或做错事，会很紧张，为了逃避批评、惩罚，就会下意识地选择说谎。人非圣贤，孰能无过？无论是父母还是孩子，都不是完美无缺的人，都会犯错。孔子说："过而能改，善莫大焉。"所以，父母对孩子的小过失应宽容体谅。人们应该对自己的行为负责，并且应该有勇气承认并改正错误。只有这样，才能不断实现自我完善和自我进步。

　　在现实生活中，一个成年人尚且难以面对自己的缺点和错误，用正确的态度去面对问题，找到解决问题的方法，最终做出积极向上的改变，何况生活经验和社会阅历都不丰富的孩子呢？因此，若要将孩子养成坦荡的君子，知错能改，就需要父母给孩子的成长留出一片天空，包容孩子的缺点，宽容孩子的错误。父母的包容会让孩子有安全感，即使做错了事也能坦然面对，积极寻找解决的办法。如此，孩子的心理素质会越来越好，人格会越来越健全，解决问题的能力越来越强。值得注意的是，有些父母的包容只是口头上的，而实际还是咄咄逼人的，在这种情况下，孩子仍然会为了自我保护而选择说谎。

孩子沉迷游戏也是一种防御机制。在我的咨询经历中，有些父母说起游戏时咬牙切齿。我曾经也有类似的愤怒情绪，觉得孩子沉迷游戏是游戏的错，只要没有游戏，孩子就能把注意力放到学习和生活上。但是，当深入研究亲子心理后，我发现，孩子沉迷游戏并非游戏的错，除了游戏本身能满足孩子的好奇心之外，还可能是孩子有难以承受的烦恼或痛苦，为了让自己免于烦恼、痛苦的折磨，就沉浸到游戏的虚拟世界中。在那个虚拟世界里，孩子与现实生活中的烦恼、痛苦是隔开的，是舒服的，但一旦离开游戏，孩子立刻会感到空虚，心里空落落的，接着会感到烦恼、痛苦，于是只能又进入游戏的虚拟世界，再一次沉迷。有的孩子不打游戏，但会看小说、电视剧，或只做自己喜欢的事，本质都是保护自己免受烦恼、痛苦的折磨。

我以前做过一个二年级学生厌学的个案，她不干别的，就一天到晚地画漫画，画到她家人看到漫画就深恶痛绝，这其实是她的防御机制。从亲子心理的角度来看，孩子沉迷游戏不是玩物丧志或单纯上瘾，而是自我保护的一种防御机制。所以，断网断电并不能解决问题，反而会"巩固"孩子的防御机制，出现更严重的亲子冲突或孩子的极端行为。治病必求本，若能消除孩子的烦恼、痛苦，孩子沉迷游戏的现象就能从根本上得到改变。

发怒是另一种自我保护的防御机制。在家庭教育过程中，亲子双方烦躁易怒、生气发火是常见的情形，特别是辅导孩子写作业时。我曾体验过被儿子气得抓狂、气得想打他的感觉。实际上，父母生气时，孩子应该也伤得不轻。因为孩子也是个有思想、有情感的生命，他们有时被父母的一些言行气得暴怒、大喊大叫、摔东西……所以不论是父母还是孩子，当烦躁、发怒时，连带着喜欢找别人的问题、攻击别人。从亲子心理的角度来看，发怒是因为内心深处有过受伤的痛苦记忆，一旦遇到类似事件，就会感觉到有再次受伤的危险，于是用发怒的方式来进行自我保护。

事实上，那些很容易生气的人，并不难打交道，如果能柔软地对待他们，他们的愤怒可能瞬间就会瓦解，进而流露出委屈、悲伤的情绪。特别是孩子，当他发火时，我们保持冷静，倾听他的表达，共情他，让他的情绪有个出口，发泄之后，他的心情很快就能平静下来。很多时候，父母是有耐心对待孩子的，但看到孩子生气发火后就不淡定了，也涌出愤怒情绪，觉得自己已经足够有耐心、足够容忍他了，他怎么还发脾气呢？父母这个时候生气其实也是一种委屈、受伤感在作祟，然后用生气的方式来保护自己。亲子间两股愤怒的能量碰撞，最后不欢而散。在亲子成长咨询实战中，我发现这样一个规律，平时安静的孩子敢于向父母发火，并不是孩子变坏了，而是孩子的心理能量在升级。此时，父母若能将耐心坚持到最后，以理解的心态面对孩子的脾气和各种让人生气的言行，则很快能帮助孩子走出负面情绪的困扰，涵养出勇敢、淡定的心境。

孩子的青春期让很多父母感到恐惧、愤怒或束手无策。很多孩子小时候很乖，到青春期就一反常态，在父母面前变得烦躁易怒、不听教导。所谓"叛逆"现象是有迹可循的，不论是父母还是孩子，当长期感觉到压抑、不被关注和尊重时，都可能会变得易怒，从而用攻击性言行来进行自我保护。有关研究认为，青春期的心理波动跟荷尔蒙有关。亲子心理实战研究认为，荷尔蒙固然会对孩子的情绪起到推波助澜的作用，但如果没有小时候的委屈和愤怒情绪的累积，就不会有令父母痛苦的叛逆性言行。那么，孩

父母和孩子都有防御机制

子在小时候为什么会乖巧听话呢？这是因为大部分孩子在小时候的心理能量相对较弱，对父母的强势教育心生畏惧，即便委屈和愤怒，也不敢表现出来，乖巧听话不是心甘情愿的，而是保护自己免受伤害的一种防御机制。到青春期时心理能量和身体力量都增强了，父母的一点点压制性教育都可能会激发孩子内心积压的愤怒，促使他用攻击性言行来保护自己。

有的孩子在7岁前就出现强烈的逆反言行，这说明孩子的叛逆并非青春期的"专利"。叛逆的深层原因是孩子的心理能量足够强，敢于对父母的强势教育表达不满。解决叛逆问题并不难，只要父母能及时反思过去和当下的教育方式，诚心诚意为过去对孩子的压制或不关注不尊重的言行道歉，关注孩子的内心感受，尊重孩子的想法，给足孩子成长的空间，孩子的叛逆期很快就能度过。

自我设限也是一种常见的防御机制。当父母对孩子要求过高，难以容忍孩子做错事，孩子为了避免失败或做错事而得到父母的否定、批评，在面对一些新事物或看起来有难度的事情时就会说"我不行""我做不到"。实际上孩子未必不想尝试，如果父母能鼓励孩子，告诉他，"爸爸妈妈支持你做想做的事情，无论结果怎么样，你努力了就是100分"，那么，孩子就可能放心大胆地去尝试，只要尝试了，孩子就能获得新的人生体验，在体验中获得新的认知和能力。当孩子说"我不行""做不到"时，如果父母马上也跟着说，"你也知道自己有几斤几两啊，那就不要做了"，孩子可能会有点失落，一气之下就真的不做了，并慢慢养成了自我设限的思维模式。有些孩子跟父母对着干："你说我不行，我偏要做给你看"，这样的孩子无论取得了多么大的成果、在外界得到多少赞美，仍然被父母的否定所束缚而无法全然绽放，心理上也一直渴望得到父母的认可和赞美。

父母的无感也是一种防御机制，是造成亲子问题的一个重要因素。绝大部分家长前来咨询，会诉说孩子的很多问题：孩子拖拉，不懂感恩，对长辈不尊重，不做家务，不认真写作业，不和父母交流，沉迷游戏，作息昼夜颠倒，自残，等等。家长看到的是孩子的问题，我看到的却是家长的无感以及他们对孩子内心感受的忽视或压抑。为什么这么说呢？因为每个人包括孩子都有真善美的本性，骨子里都是有积极向上、渴望拿到学习成果的心理，都想生活在一个干净整洁、美观、有秩序的环境里，也都想做一个彬彬有礼的人。孩子表现出消极颓废、行为乖张、不和父母交流，只能说明孩子的本性被负面的因素所蒙蔽，这些负面的因素来源于父母对待他的态度和生活的环境。当孩子的内心极度缺乏父母的关注和尊重时，便会出现这些消极行为。

　　无感的人往往不知道自己喜欢什么，人生目标是什么，也不容易跟人亲近。就算是自己的孩子，也做不到心与心的亲近，全凭自己的想法养育孩子，也就关注不到孩子的内心状态。父母的无感状态是怎么形成的呢？我们在咨询过程中总结出这样一个现象：人在童年时因为父母的原因而很痛苦，并且这种感受不被父母看到或者不愿意让父母看到，为了避免被痛苦的情绪持续折磨，便故意忽视内心的痛苦感受，久而久之，感受能力就被封闭起来，表现出来就是对现实生活中的人和事无感。

　　无感的人不仅感受不到自己内心的细微情感，也感受不到别人的善意和关爱，做事情像个机器人，不走心。无感的父母在养育孩子的过程中，一方面关注不到孩子的需求，造成对孩子的长期忽视；另一方面又特别害怕孩子受伤害，自以为是地为孩子安排一切，无意中让孩子感到缺乏尊重，长期处于压抑状态。长期缺少父母关注和尊重的孩子，是孤独的、痛苦不安的，为了避免承受这些不舒服的感受，孩子也会忽略自己的感受，逐渐变得无感，表现为冷漠冷血，不懂感恩，不懂体谅父母等。要改善亲子双方都无感的状态，需要父母首先找回自己的感受力，用爱滋养孩子的心，从而逐步激活孩子的感受力。只有亲子双方都有感受力，才能感受到彼此的善意，心意相通，从而体会到天伦之乐。

　　关于防御机制的表现形式还有很多，除了以上提到的情形之外，特别谨慎、不配得感、莫名焦虑等过分保护自己的思想观念及言行都属于这个范畴，在此不一一赘述。当我们透过现象看本质时，就能看到防御性言行背后其实是一颗颗压抑、受伤的心。然而，如果只是懂了这个道理，我们仍然可能会按照固有的方式去解决问题，效果是不尽如人意的。为了充分了解防御机制的形成原因，我们可以回顾自己的童年生活，对照自己的类似感受，感同身受地去细细体会。只有我们真正体会到什么是自我防御，才能承认"坏孩子"是我们自己"培养"出来的，孩子的问题是我们对孩子不当的养育方式造成的。

　　从本质上来说，孩子的"坏"不是孩子本来就有的，是防御机制的体现。当然，孩子眼中的"坏爸爸""坏妈妈"也不是本来就有的，也是他们在童年时形成的防御机制的体现。大家是否有过这样的体验呢？我们因为担心、恐惧而批评或打骂孩子，希望他能记住教训并改正。这种做法看起来是为孩子好，其实是因为我们的防御机制被启动，因为我们害怕教不好孩子的，害怕承担没有教好孩子的后果。冷静下来后，我们往往会感到后悔、愧疚，可能还会在后悔、愧疚的驱使下无原则地去补偿孩子，一不小心就可能导致溺爱的问题，结果孩子真的被教"坏"了……

　　当孩子对外部世界有足够的安全感时，就能呈现出阳光自信的状态，敢想敢做，即使失败也能重新开始。这本来是0~3岁需要达成的品质，但因为我们大都不了解孩子成长规律，不知不觉中就让孩子形成了一些妨碍成长的防御机制。亡羊补牢，犹未为晚。不论孩子处于什么样的年龄，当我们能完全理解孩子对安全感的需要，把要求孩子改变的心念放到自己身上来，逐渐学会用正能量的方式去给孩子赋能，就能帮助孩子逐渐放下对外界的防御机制，绽放生命之花。当然，年龄仍然是个重要的影响因素，孩子年龄越小，改变的速度会越快。孩子的年龄越大，需要的时间越长，父母需要付出的耐心也越多。

　　总之，对父母和孩子而言，防御机制都是存在的。父母为了保护自己，要求孩子按照自己的想法去做；孩子则为了保护自己，迎合或者对抗父母。所以，孩子出了问题没有对错，只需要去分析问题形成的原因，针对原因进行解决就可以了。如果无法理解防御机制的原理，也不明白自己哪方面需要调整，建议向专业的心理咨询师求助。

母子都在自我保护中前行

我小时候家里比较穷，被村里人瞧不起，我很想改变家里的生活条件，于是不断努力学习，并暗暗下决心一定要变强大。结婚后，我总是想成为婚姻中的那个主宰者，每次夫妻吵架我都要吵赢才肯罢休。我平时很容易发怒，习惯找丈夫的问题，而且总是说一些恶毒的话来掩盖自己的内心。这些都可能是防御机制的启动导致的。另外，我儿子对我的一些要求每次都答应了但最后总做不到，这导致我又骂他。原来他的应承只是他的防御机制启动了，他要保护自己，害怕我批评、惩罚他造成的。现在学习了防御机制一课后我才知道原因，儿子自我设限也是自我防御，因为我经常打压他、辱骂他，他只能表面应承，最后用"我不行""我做不到"来反抗我。我只有不断地反思自己，把自己放在对方的角度去思考，才能明白家人所想，才能共情家人。

不学不知道，一学吓一跳

我发现防御机制的常见表现形式，我全有：无感、不配得感、自我设限、特别谨慎、说谎（害怕指责打骂而不敢说真话）、莫名焦虑、易怒、过分保护自己的思想观念及言行。不学不知道，一学吓一跳。小时候家里穷，导致我很自卑，害怕带朋友到家里来，怕被嫌弃和看不起。我觉得自己是天下最可怜的人，特别希望别人能爱我。我还喜欢拿自己与别人比较，但越比较越气馁，越否定自己，总希望别人能肯定我，没有别人的夸赞，我就很泄气。写到这里，我感到自己开始有能量了，内心升起了爱，开始认可自己，越来越喜欢自己，越来越自信，我真的觉得很开心。在新异心理咨询机构学习了两年多，我的负面情绪不断得到清理，我渐渐看到了光，我也想成为一道光，温暖自己，照亮别人。

我看到了自己的不配得感

我感觉自己身上的不配得感是比较明显的，总觉得自己不配拥有美好的东西，不配得到荣誉。平常我买的衣服都是比较便宜的，偶尔买一两件比较贵的，还不太敢让别人知道衣服的价钱，怕别人嘲笑我穿这么贵的衣服。这几年来，我们学校的各项评优，都是让我们对照条件，自我推荐。我从来没有自我推荐过，因为我认为比我优秀的人多的是，哪里能轮到自己。哪怕条件达到了，我还是认为我不配，这背后其实是深深的自卑感。小时候，我就没看到父母穿过什么像样的衣服，有那么一两件好点的，也是压箱底，哪怕有什么重要日子，也不拿出来穿，似乎是穿习惯了朴素的旧衣服，以致不好意思穿好看的、档次高点的衣服。父母的这些行为模式都深深刻在了我的记忆深处，也成了我的潜意识种子——我不配得！看到了这一切后，我也在逐步地去突破。昨天我就勇敢地递交了一份先进教研工作者自荐表，我不去管别人怎么看，不去管结局如何，做了再说。

 亲子心理探秘实践

请想一想有哪些人、事、物会让你触景生情，会触碰到你的防御机制的"按钮"，对最有感触的一件事进行分析。

第 9 天

痛苦是有根的

我们感受到的痛苦是有根的，它的根不在别处，就在我们的心里。亲子双方在面对问题时，如果总是希望对方改变，则不仅无法消除内心的痛苦，还会让亲子问题越来越严重。

痛苦是有根的，这和孩子的心理问题到底有什么关系呢？

扫码观看本节视频课程

在亲子矛盾发生的当下，亲子双方都能感到痛苦。父母往往有这样的内心感受：我也想好好爱孩子，但不知道怎么做才是对的，我真的很没用，有深深的无力感；我已经很努力了，还是没教好孩子，做父母太难了，提不起劲；孩子太没良心了，我对他这么好，他还不满意，不好好学习，怎么就生了个这样的孩子；孩子的问题居然是我们造成的，太没面子了，太丢人了，还要付出时间精力改变自己，太难太累了……孩子有这样的心理活动：我又错了吗，你们又没告诉我，你们都不理解我，看不到我的优点，就知道说我；算了，我不再需要你们的理解了，也不想再理你们了；学习太难了，太烦了，整天都要学习，玩一下就被说，太无聊了，这样的生活真没意思，太憋屈了……孩子渴望父母恩爱，一旦父母频繁争吵时就会特别痛苦，活得很沉重、很压抑，很想逃离。无论是父母还是孩子，当痛苦的感受超过承受能力时，就无法理性思考，就会启动防御机制。父母会批评打骂孩子，孩子会和父母针锋相对、沉迷游戏、离家出走等，以消除自己的痛苦。但大家的痛苦并没有消失，反而好像还越来越多。

回避是一种常见的防御机制，可以帮助我们直接"解决"痛苦感受，其本质就是在我们的心中筑起一道屏障，不去触碰曾带给我们痛苦的人、事、物，让我们待在一个看起来"安全"的舒适区。比如，孩子厌学在家，父母一提学习的话题，孩子就大吵大闹或拒绝交流，父母痛苦异常但又毫无办法，数次之后就学乖了，为了避免亲子矛盾便不再提学习的事。但是，父母还是轻松不起来，对孩子问题的焦虑一直折磨着父母。可见，痛苦并没有因为人们的有意回避而减少或消失，它只是换了一个模样浮现在人们的心头，人们回避了表面的事情，却回避不了内心的痛苦。让人们感到"安全"的回避模式不过是自导自演的心理戏罢了。

在每个亲子心理咨询实践个案中，都有这样一个规律：但凡来访者能感受到的痛苦都是有根的，无论是什么人、事、物引发的痛苦，其根源都可以追溯到来访者自己的童年或更早的胎儿期。回避表面的事情并不能消除痛苦，反而会让来访者感觉解决问题是非常难的一件事。

⋯⋯⋯⋯⋯⋯⋯⋯⋯⋯⋯⋯⋯⋯⋯⋯⋯⋯⋯⋯⋯⋯⋯⋯⋯⋯⋯⋯⋯⋯⋯⋯⋯⋯⋯

东东跟其他孩子一样，也很喜欢玩游戏。在他八年级的时候，我经常居家办公。东东是走读生，每天中午会回家吃饭，饭后会打一会儿游戏，然后午休。有一天，正在午休的我听到一阵噼里啪啦敲键盘的声音，意识到东东根本没有午休，而是一直在打游戏。我瞬间焦虑了，担心他中午没有休息，下午而没精神上课，长期不午休，对身体发育不太好⋯⋯我越想越着急，就起身到客厅，一开口就带着责备："不是说好了1点钟就午休的吗？怎么还在打游戏？身体还要不要了⋯⋯"他一脸无辜地说："打游戏怎么啦？我又不困⋯⋯"看到他无所谓的样子，我气得想把电脑给砸了，但忍住没砸，而是揿了电脑电源开关。这下把他惹火了，我们大吵了一架。我气得回了房间，想着他说话不算话，不爱惜自己的身体，为他操心而睡不了午觉，讲他还不听，想着想着竟然委屈得哭了。

他情绪很快平复下来，在上学前到房间里跟我打招呼，要我不要生气了，放学后会跟我好好聊一下。我也知道自己过于激动了，便告诉他没事了，我自己会调整好情绪。此后又有几次，我发现他在午休时间打游戏，心中的担心和焦虑依然很强烈。我在卧室一边徘徊一边问自己："到底要不要去提醒他？"终于，我意识到这股强烈的情绪是非同寻常的，是需要直接面对的，便打消了去提醒他的想法，而是静静地躺在床上琢磨：为什么知道他没有午休我会如此难受，并且这种难受的感觉还很强烈呢？

经过内观觉知，我越来越清晰地感受到这股担心焦虑的情绪是有根的，不是他的行为让我担心焦虑，而是他的行为引发了我内心深处的担心——害怕他没休息好对身体不利。我还能感觉到这种担心连着一个很深的黑洞，就是这个黑洞让我坐立不安，忍不住冲出去说教。只有解决了自己的痛苦感受，我才能以平和的心态跟孩子交流。因此，我的首要任务是正面处理这股难以控制的负面情绪。

经过几次的深度觉知，我找到了这情绪的根源，它来自我的妈妈。因我从小体弱多病，她一辈子都在担心我的身体，有些看似为我好的担心让我感觉到自己是不被爱的，从而让我不仅反感她对我的担心，还有委屈和愤怒。我复制了妈妈对我的担心模式，当孩子不接受我的提醒时，有委屈和愤怒情绪。心理学实践发现，情绪是不会消失的，当下生活中的事件可能引发潜意识中因类似事件而产生的情绪，且来势凶猛，作为亲子心理咨询师的我，一时也没招架得住，在强烈情绪的驱使下和孩子吵了一架。当我看到痛苦情绪的根源后，我勇敢地面对并有意识地进行觉察，因此，再次看到东东在午休时间打游戏，我不再难受，而是能够平和地提醒他，累了要休息一下。他承诺累的时候就会去休息，不累的时候就玩。此后，我们母子再也没有因为类似问题而发生过冲突。

一些家庭教育理念教导家长要温柔而坚定地和孩子交流，如此，才能让孩子感受到爱与尊重，有助于孩子健康成长。家长也想做到这一点，但在亲子相处过程中，孩子的某些举动常常会引发他们强烈的负面情绪，让他们瞬间失去自我觉察的能力，温柔的面具被内心的痛苦能量击得粉碎，亲子冲突一触即发。于是，我常常会听到这样的反馈："你说的我都知道啊，我努力了，但我真的做不到。"我特别能理解这种状态，因为我很清楚，大家知道但做不到的原因就在于痛苦是有根的，根上的问题没有解决，表面的言行举止自然是做不到的。

痛苦的根源在每个人自己的潜意识里，可能是胎儿期的痛苦经历造成的，也可能是出生后成长过程中形成的。但不管是什么时候、什么原因造成的，都会呈现一个共性的现象，即隐藏在潜意识里的痛苦能量是巨大的，一旦被激活，就会造成身心痛苦、头脑混乱，让人本能地找别人的麻烦。就像我，在强烈情绪的冲击下，不仅想砸电脑，还口不择言地指责孩子。作为成年人的我们无法要求孩子理解我们的痛苦，但我们可以通过学习和实践提升情绪管理水平，在亲子冲突中区分痛苦的来源，并能积极面对，化解自己的痛苦，那么，亲子冲突的概率将大大降低。

对以上情形，有些家长可能会愤愤不平："明明是孩子自己说话不算话，自己在午休时间玩游戏，干吗要父母先改变呢？孩子做错了还不能说吗？"从这些话语里面，可以看到家长跟孩子是处于对立面的，凡事都要论一个对错，按照对错的标准说话办事。这同样是潜意识的一种反应，这类家长可能在自己的童年也是被这样对待的，他们很少得到过甚至没有得到父母的理解和宽容，从小需要在父母面前证明自己是对的，因此在教孩子时，也要在孩子面前证明自己是对的。证明自己的背后其实就是不被父母理解和接纳的痛苦，当解决了根源，父母再次面对孩子时才能心平气和，而不是咄咄逼人。事实上，孩子说话不算话的原因有很多，可能跟年龄、性格特点、当时的心理心态等有关，如果不管三七二十一就带着情绪指责他，孩子感受到的就是被找麻烦、被伤害。大量家庭教育实践表明，父母不找孩子的麻烦，并能尊重孩子，因材施教，孩子也不会忤逆父母。

并非所有的孩子都需要父母先做出改变，有些孩子一出生情商就很高，

痛苦的根源在自己身上

他们面对父母的负面情绪时能够用高情商化解。比如开个玩笑、撒个娇，轻轻松松就瓦解了父母内心的屏障，疗愈了父母内心的痛苦。然而，即使是情商很高的孩子，如果总是需要自己去化解父母的负面情绪，也会有承受不住的时候，毕竟他还是个孩子，没有那么好的耐心。情商不高的孩子在父母的负面情绪面前则不堪一击，因为他自己的潜意识里本来就隐藏着痛苦的因素，痛苦的感受很容易就被父母的负面情绪和不恰当的言行激发出来。如果他们长期承受这些痛苦，就会出现大问题，如抑郁、自残、轻生等。孩子是水，父母是源头，父母的痛苦犹如源头的污染物，如果不清理、不净化，下游的水就不可避免地会被污染。

痛苦之所以为痛苦，就是因为难以解决。当亲子冲突发生时，解决痛苦的唯一方法是让自己变得强大，而改变自己是走向强大的唯一途径；要改变自己，就要提高心理能量。每个人的心理能量都是不同的。总体来说，心理能量强的人意志力强，更容易摆脱痛苦的束缚；心理能量弱的人则意志力薄弱，即便知道痛苦与别人无关，下定决心面对痛苦，也难以坚持，最后还是会采取回避战术。大家都知道，无论哪个领域，成功的人总是占少数。这是为什么呢？原因就在于通往成功的道路上需要跨越很多令人痛苦的障碍，经得起痛苦的考验才能成功跨越障碍，这样的人总是少数。家庭教育的难题跟其他领域的难题并无二致，谁能经得起痛苦的考验，谁就能取得真正的成功。

要改变自己，走出舒适区，本身就是一种痛苦。一旦鼓起勇气走出舒适区，极有可能会重新感受曾被自己回避的痛苦，若要跨越这些痛苦，难度就更大了。因此，有些父母在学习之后，不想承认孩子的问题是自己的养育方式造成的，因为如果承认了，没面子、丢人已经在其次，最难过的关是要付出时间和精力改变自己，这实在是太难了。是的，要改变自己，就是这么难。自古以来，家家都有本难念的经，原因就在于此。有些父母愿意改变自己，放下面子，但努力一段时间后，感觉孩子还是没怎么改变，便在痛苦面前缴械投降，转而希望孩子改变，亲子冲突的结又拧上了，无法解开。在我看来，这些情形都是正常的，因为每个人的潜意识状态不同，在亲子相处过程中呈现的状态也是不同的。

在解决孩子问题的路上，父母面临最大的敌人不是孩子问题的本身，而是父母自身内心世界的烦恼、痛苦。能跨越内心烦恼、痛苦的父母，才能实现自我超越，真正做孩子的引路人。当今科技在飞速发展，很多疑难杂症都有了新的希望，心理学理论与技术也在与时俱进。在亲子成长辅导实战中，咨询师发现这样一个事实：真正难的不是痛苦本身，而是我们改变自己的意愿，有改变自己的意愿，一切的痛苦都有解决的可能性。但是，当痛苦的能量冲击着我们的身心时，那种感觉真的不好受，大家宁愿做一只把头埋进沙堆里的鸵鸟，也不愿意直接去面对那些痛苦。

面对因痛苦难以承受而不愿意面对的来访者，我们会采取循序渐进的方式，提升来访者的心理能量，等来访者能面对痛苦的时候再去清理他们痛苦的情绪。这跟医院做手术前先给患者调理好身体直至符合手术条件再做手术的原理类似。当来访者在咨询师的协助下全然地面对痛苦、陪伴痛苦、允许痛苦的能量从内心流淌出来，就能看到痛苦产生的根源，曾经解不开理还乱的心结瞬间消散，自然会发出"原来如此"的感叹，切身体会到烦恼即智慧的含义。

如果我们正在承受跟孩子相处时的痛苦，请同理自己和孩子的真实感受，很多时候，不是自己和孩子不愿意改变，而是要解除痛苦的感受确实很难。当我们看到了自己的痛苦，理解了自己的处境，痛苦感会减轻很多。然后，我们可以积极学习，掌握有效面对内心痛苦的方法，让自己有能量鼓励孩子表达负面情绪，无论孩子说什么，首先做到倾听。我们会发现，当孩子被无条件倾听后，他会越来越平和，困扰我们的问题也会随之会得到解决；

如果我们已经意识到自己的养育方式造成了孩子的痛苦，请大胆承认自己做错了，并请求孩子的原谅，尊重孩子是打开孩子心锁的钥匙。

如果我们正陷入自卑、自我否定的状态，请花点时间找到自己和孩子的长处，为自己和孩子做到的事情点赞。尺有所短，寸有所长，允许自己和孩子有做不到的事可以增强自信，避免很多不必要的烦恼、痛苦。爱是解决一切情绪问题的良药，积极营造和谐有爱的家庭氛围，可以让自己和孩子的心灵得到滋养，逐步疗愈亲子已经存在的痛苦。

关于有根的痛苦和孩子心理问题之间的关系，就探讨到这里。在十年的亲子心理学习实践过程中，我深刻地感受到：我们内心的一切痛苦也是纸老虎，样子看起来可怕，但只要敢于面对，就有办法解决它，化烦恼为智慧。真正强大的力量不属于那些痛苦，而是属于我们自己。

儿子逆反不是他的问题

我曾受到不少伤害，但我不敢面对自己的内心，怕再次受伤，无形中就把怒火发泄到自己亲人身上。我总想儿子按照我的要求去做，他一没有完成作业就大声地说他，本来他一边看手机还一边做作业的，我跟他吵了一架后，他干脆就不做作业了，接着借故将我没收他手机的不满发泄在弟弟身上，把弟弟弄哭。我知道他是故意的，他想气我。但我没有看住自己的内心，又忍不住跟他大吵一架。其实我也知道自己做得太过粗暴，应该心平气和地跟他说要抓紧时间完成作业。但我就是忍不住，看不住自己的心。之前他还会按我的要求去学习，有一颗积极向上的心。现在我儿子的这种状态，都是我造成的，我的情绪太不稳定了。面对自己的内心实在太难了。

不该我承担的要勇敢拒绝

我最不想面对的经历就是妈妈拉我站队。从小到大，妈妈和爸爸吵架，妈妈就不断地在我面前数落爸爸，还总说我和爸爸是一伙的，她这辈子过得不幸福都是我们造成的，一直都是这样。离婚多年妈妈始终纠缠不休，各种折腾，就是要报复爸爸，不让他好过，还总是用爸爸的消息来刺激我，没顺着她的意时，就连我一起骂，骂得很难听，还以断绝母女关系来威胁我。关于这件事，我真是不胜其烦，经常神经很紧张。这个包袱压得我喘不过气来，让我没有安全感，不能真正地快乐起来。其实这是爸妈自己的事，为什么我妈总要拉上我？我有很多愤怒，我真的不想管，也管不了，但我又怕背负不孝的骂名，所以不敢对妈妈表达自己的真实想法，一直活得好压抑。现在这些负能量也传递到我的孩子身上，好可怕！我应该做作为一个女儿该做的，该爱妈妈的就去爱，不该我承担的我也要勇敢拒绝！

我决定敞开自己面对伤痛

我很不愿意面对伤害、面对痛苦，不仅是发生在自己身上的痛苦，连影视中的、小说中的和痛苦伤害有关的情节我都想要回避。我也不想面对自己做得不好的地方，这种要求也投射在女儿身上了，觉得自己的女儿就要比别人好，在育儿过程中有做得不好的地方我就很想回避。现在女儿出现了问题，真的让我痛彻心扉，我决定敞开自己面对伤痛，来参加这次学习也是我踏出的重要一步。

 亲子心理探秘实践

请回顾自己过去的经历，找出一件自己不想面对的事情进行分析，并记录心得体会。

方法篇

　　亲子问题之所以难解决，一方面是因为我们对孩子和自己的正反两面心理现象缺乏了解和关注，另一方面是因为我们缺乏从根本上解决问题的有效方法。今天，我们将继续亲子心理的探秘之旅，从更细微的层面寻找有效解决亲子问题的方法。需要特别说明的是，这里说的方法不是针对孩子的具体问题给出一招一式，教大家直接改变孩子呈现的问题，而是聚焦形成亲子问题的根本原因，给出相应的对策，帮助大家跳出千变万化的表象，针对问题的本质进行解决，学会简单高效的亲子赋能方法，在亲子双方心境的改善中自然解决问题。

　　本篇包含5方面的内容，我们将用5天时间来学习。

第 10 天
识别负能量的来源和演变规律

　　如果拿个显微镜来看亲子问题就会发现，当孩子有问题时，让我们难受的往往不是孩子具体的表现，而是内心被引发出来的负能量。这些负能量才是阻碍亲子关系和谐的关键性因素，如果把负能量的来源及演变规律弄清楚，就能清醒地看待负能量的各种呈现，从而跨越负能量这座大山，做一个正能量的人，让亲子冲突成为改善亲子关系的契机。

　　负能量的来源和演变规律是什么？负能量对孩子的心理又有什么影响呢？

扫码观看本节视频课程

在自然界中，所有物体都具有能量，这种能量以各种形式存在。例如，光能、热能和电能等都是能量的表现形式。在日常生活中，我们可以看到很多物体之间的能量转化过程，比如水从液态变成气态，就需要输入热能；身体进行运动时，也需要耗费能量。而根据能量守恒定律，能量不会消失，只会转换成其他形式。因此，在任何物理或化学变化中，物体所拥有的总能量保持不变。

在宏观层面上，我们可以感受到能量的存在和影响。比如太阳能、风能、水能等是可再生能源，为人类社会提供能源支持。同时，能量的转化和运动也是自然界中许多重要过程的本质，如植物的光合作用、动物的新陈代谢等。在人的心理层面，各种心理现象与能量同样密不可分。人的思想观念、情绪状态、言行举止等都是能量的体现形式。我们常常讲的正能量、负能量都是能感受到但却看不见的无形的能量。这些能量虽然不能直接被看到，但会通过人的情绪、思想观念、语言表达或者是肢体、感官的体验来传达给我们，它们的的确确是真实存在的。

新异亲子心理研究的对象是个体生命在家庭生活中的言行举止、心理情绪、思想观念、潜意识等心理现象。为了便于理解，我们用一棵树来比喻个体生命，家庭就是个体生命（树）赖以生存的土壤，树叶在树的最表层，最容易被看见，表示个体生命的言行举止；树枝隐藏在树叶之中，需要刻意去找才能看见，表示心理情绪；树干为树枝和树叶输送营养，支撑着树枝和树叶，表示思想观念；长在土壤里面的根不被看见，但却吸收土壤里的养分，对树的生存状态起着决定性的影响，表示潜意识。树叶、树枝、树干、树根及土壤有着内在联系，假若土壤是肥沃的，能为这棵树的生长提供养分，这棵树就有望枝繁叶茂；假若土壤是干涸开裂的，无法提供养分，这棵树将无法长大，就算长大了，也会枯萎甚至枯死。可见，土壤的状态决定了这棵树的生长状态。

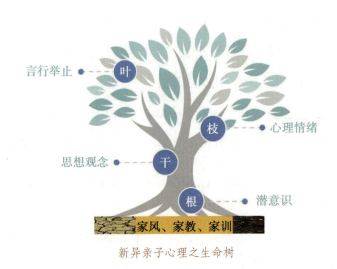

新异亲子心理之生命树

对应到个体生命的心理现象，言行举止，心理情绪，思想观念，潜意识及家风、家教、家训，同样有着内在联系。如果家风、家教、家训充满正能量，孩子的潜意识里储存的正能量是足够的，他的心理成长就会得到充足的正能量滋养，呈现出三观中正、阳光自信、大方得体的状态。如果家风、家教、家训充满负能量，孩子的潜意识里储存的负能量偏多，他的心理成长就可能会缺乏正能量的滋养，相应地可能会呈现三观不正、心态失衡、言行举止失仪的状态。总之，能量决定了孩子的心理成长状态。

正能量心态的具体体现形式有：勇敢担当，遇事淡定，主动积极，有包容心，自控力强，遇到问题能保持理智，正面思维，能聚焦生活的美好，发自内心的幸福感，乐观开朗，常怀喜悦……要特别说明的是，专注或聚精会神是能量集中的体现。有些孩子学习注意力不集中，并非贪玩好动导致的，除了他们身体未发育完善外，还可能是孩子的心理出现了偏差，心理能量偏于负面，以致注意力无法集中到学习上来。此时，责骂孩子学习不认真、要求孩子长时间学习的做法是无法解决问题的，正确的做法是关注孩子的内心状态，学会为孩子赋能。那些正能量充足的孩子好玩、好动，一旦静下来学习，也可以做到精力专注，不会出现东张西望、人在神不在的情况。好的家风、家教、家训，好的思想品德，能传递给孩子正能量。

负能量心态的具体体现形式有：为自己的某些缺点而羞愧，因做错事陷入内疚而无法自拔，常常懊悔，自我否定，自我折磨，对未来不抱希望，常有失落感，害怕承担责任，不敢尝试新事物，贪心，沉迷游戏，喜欢抱怨，容易憎恨别人，心胸狭隘，拒绝学习……负能量可能会造成各种各样的身心问题。负能量多的人容易胡思乱想，引发各种负面情绪，当思想过于散乱、无法自控时还可能会出现精神异常现象；长期处于负能量状态下的人，其身体也会出现亚健康现象甚至一些躯体疾病。不好的家风、家教、家训，不好的思想品德，传递给孩子的则是负能量。

正能量充足的人对金钱的驾驭能力强，乐于为自己花钱，也很乐意为别人花钱，看起来有一种大手大脚的感觉。正能量匮乏的人对金钱是有恐惧感的，钱少了害怕钱不够花，总是担心自己没钱而不敢花钱，钱多了害怕别人惦记，担心花了就没有了，也不敢花钱。

....

有个家长害怕七年级的孩子不懂得珍惜金钱，希望孩子明白钱财是来之不易的，便给他设定条件，学习成绩达到班级前5名才给零花钱。结果，孩子不仅不好好学习，还私自拿了家里的钱去买东西。"偷钱"的行为使这位家长更加焦虑，不知如何是好，无奈之下找我咨询。我通过性格解读工具看

父母的负能量会直接传递给孩子

到孩子的性格特点，瞬间了然于胸。我告诉她说："你这孩子正能量足啊，跟金钱的关系很好，能花钱，以后也能赚钱，但这不代表他不珍惜金钱。你们家经济条件不错，但你明知道他达不到班级前5名，还要拿学习成绩来跟他谈条件，让他感觉很憋屈。他不问自取就是做给你看的，是一种无声的抗议。换句话说，他的这个'偷钱'行为是你逼出来的，不是他道德品质有问题。""那我该怎么办呢？我都因为这件事打过他了。"我很严肃地跟她说："打孩子是我们家长无能的表现，这样只会让孩子更反感家长的教导。孩子已经七年级了，有自己的购物和社交需求，我建议你跟孩子好好交谈一次，问他一个月需要多少零花钱，然后根据家庭经济情况酌情增减，每个月主动且无条件地给他。当你这样做了，孩子会感受到你对他的关注和爱，内心会很感动，以后肯定不会再私自拿你的钱，学习也会更认真。"这位家长明白了孩子"偷钱"背后的原因，听从了我的建议，母子之间的金钱纠葛得到了妥善的解决。

　　生命树的结构清晰地显示了个体生命的言行举止不是无缘无故发生的，而是有着很深的根源。了解能量在孩子心理问题中扮演的各种角色，就能从纷繁复杂的现象中理顺思路，走出迷茫。

　　思想决定行动，这个关系对大家来说应该是常识，在背后起作用的其实是能量。同理，孩子的思想观念也决定了他的言行举止。那么，孩子的思想观念又是怎么形成的呢？这来自他的潜意识，而他的潜意识又来源于胎儿期的经历和出生后的家庭教育，包含着父系家族以及母系家族的思想观念。个体生命在身体层面是独立的个体，但在思想观念层面却深受其家风、家教、家训的影响，很难独立。可以说，每个个体生命的思想观念，都打上了家庭家族的烙印。而有什么样的思想观念，就会有什么样的心理情绪，从而表现出相应的言行举止。因此，如果想从根本上解决孩子的心理问题，从源头入手，能事半功倍。这就是新异亲子心理解决孩子问题先从父母入手的依据。

在孩子私自拿钱这件事情上，看起来是孩子犯了错，"偷"了钱，但根据心理能量的演变规律深入剖析，就能看到问题的根源在妈妈身上。私自拿父母的钱是孩子的行为，驱使他去拿钱的是他憋屈的情绪和逆反的心理，导致他有憋屈情绪和逆反心理的思想观念是"妈妈用不给零花钱来逼我学习"。"妈妈总是逼我"是他的潜意识。这个潜意识跟妈妈的教育方式直接相关，因为妈妈害怕好玩好动的他不懂得守规矩，不能养成良好的生活习惯，从小就在道德上对他要求严格，他犯了小错误就狠狠教育一番。当妈妈明白了自己看待孩子的眼光确实有失偏颇，马上进行调整，孩子得到了妈妈无条件的关爱，内心的委屈和对抗情绪得到疗愈，后来再也没出现过私自拿钱的行为。

再来看看负能量在妈妈这里是如何演变的：当她看到抽屉里的钱少了（表面事件），知道是孩子拿了，第一反应是"孩子偷钱了"（思想观念）；接着冒出以下想法："偷钱是不对的，是道德品质有问题，现在就这样，以后可怎么办"（思想观念）；这时候，妈妈心里会着急，这个着急就是内心深处的（潜意识）负能量被激活了；情绪是能量的一种体现形式，当负能量被激活后，妈妈常常无法冷静思考，基于对孩子的负责，就会出现这样的想法："我必须得教育他，让他记住，否则后面会干出更严重的事"（思想观念）；此时负能量越来越强烈，以激烈情绪的形式表现出来，她带着愤怒、恨铁不成钢的心情（情绪爆发）开始批评孩子（言语），甚至打孩子（行为）。这就是表面事件—思想观念—潜意识—胡思乱想—情绪爆发—批评打骂演变的一个过程。负能量在潜意识被激活的同时被引发出来，最后演变成指责打骂式的教育模式。我是学工科出身的，喜欢用图表来简化对事物的描述，我描绘了亲子教育过程中负能量被引发后家长正反两面心理活动演绎过程示意图，方便对比和理解不同家长在遇到孩子问题时的处理过程及结果。左边部分对应的是懂得用觉知管理情绪的家长，右边部分对应的是不懂情绪管理的家长。

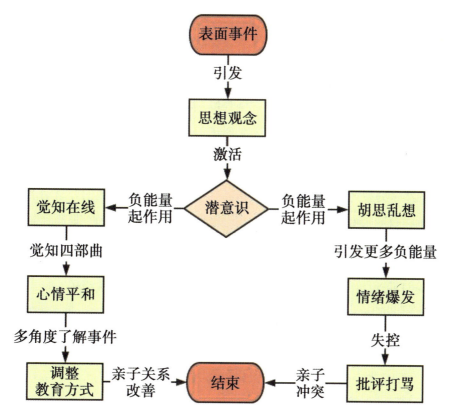

亲子教育家长正反两面心理活动演绎过程示意图

当我们把亲子教育过程中的心理活动放大来观察，就能发现过激的言行举止和失控的情绪都是负能量的外在呈现，而孩子呈现的"问题"只是引发家长负能量的导火索，家长的定势思维和负面潜意识才是引发负能量的关键原因。也就是说，真正让家长难受、痛苦的不是孩子或孩子的问题，而是家长内心被引发出来的负能量。

如果我们能有效化解潜意识负能量对思想、心情的影响，就不会出现加剧亲子冲突的打骂式教育，亲子问题也不会像顽疾一样难以解决。风雨过后见彩虹，当顺利转化被孩子引发出来的负能量后，我们会发现自己的心理能量增强了，对孩子的担心、焦虑自然解除，看问题更有深度和智慧，对孩子的教育方式也自然发生改变，亲子双方的心贴近了，孩子的状况也随之发生改变。这就是通常所说的"父母改变自己，孩子跟随改变"。

读懂了负能量的来源和演变规律，我们就能清楚地知道，父母要改变的不是表面的言行举止，而是内心深处的负面潜意识带来的影响。所以，孩子的异常表现实际上是父母自我成长的契机，父母可以根据孩子的表现反观内照，追根溯源，解决自己内心过不去的那些坎。"孩子是父母的镜子，是来成就父母的"这句话一点不假。

既然家庭教育是父母和孩子的一场修行，作为父母，我们要时刻清晰知道自己的努力方向，学会给孩子赋能，尊重孩子的生命状态。看到并赞美孩子一切优点就是在为孩子赋能。为了避免在教育孩子过程中被负能量所影响，我们可以直接采取这个方法：看到孩子的问题，马上照镜子，反思自己的思想、言行是否有偏差；如果发现自己的状态跟孩子的类似，请把注意力从帮助孩子解决问题调整到聚焦自己的内心探索，体会是什么让自己难受、痛苦。解决了自己的痛苦，就可以轻松帮助孩子解决问题。

父母的言行举止潜移默化地影响孩子

去年腊月底家里发生了一件很不愉快的事情，我们夫妻一度闹到要离婚的地步，孩子很害怕我会离开他们，现在只要有点风吹草动，她就会一直黏着我，并问：我要去哪里，会离开这个房子吗？尽管我告诉她我不会离开她，到哪儿都会带着她，但她只要发现我们夫妻言语不和，就会一而再再而三地跟我确认这件事。因我平时喜欢反问，尤其是对孩子他爸，这导致孩子现在也喜欢反问，语气跟我一模一样。

负能量在我们一家三代之间传递

我的大宝很聪明，活泼好动，在他幼儿园期间我对他是无私地爱与接纳。然而，他进入小学一年级后，我从天使变成了魔鬼，对他非常苛刻。我以为这是严母的正常表现，其实是我根本不知道如何接纳他，给他带来了很多心理伤害。想想这都是我父母的思想传递给了我，父母焦虑的能量传递了给我，而我又传递给了孩子，非常无知。现在我养育二宝时，以往的火暴脾气会稍微收敛一些，更关注情绪的流动，但有时也还是控制不住。尤其是两个孩子在一起闹的时候，坏情绪更容易爆发。

内心平静可以避免伤害

最近，我工作压力越来越大，任务繁重，经常在老公面前抱怨，老公非但没有安慰我，反而会在一边哼哼，我听到就会特别恼火。因为我觉得他的哼哼就是在挖苦我，这是我的负能量把观念显现出来，愤怒情绪也开始流露出来。现在，我觉知到自己的观念，没有对他发火，而是平静地问他哼什么。他说没有，没什么，他说如果不出声你又以为我没听你说话。这人……我好无语……真的要看好自己的内心，以免造成不必要的伤害。

亲子心理探秘实践

　　请回顾自己和父母/孩子之间有过的负能量经历，选一件印象深刻的事件，画出负能量演变过程，尝试找出调整思路。

第 11 天

平复负面情绪的觉知四部曲

让我们痛苦不堪的情绪其实是只纸老虎，只要你敢于面对，并用恰当的方法去处理，就能将痛苦的情绪转化为正能量。当情绪不再成为爱孩子的绊脚石，亲子关系就会越来越亲近。与父母关系亲近的孩子，不容易出现心理问题。

父母及时平复自己的情绪，跟预防或疗愈孩子的心理问题有什么关系呢？

扫码观看本节视频课程

在亲子相处过程中，无论是孩子还是父母，直接面对强烈的情绪都是非常困难的一件事。对心理能量弱的孩子来说，父母的强烈情绪会让他们心生恐惧，并下意识保护自己。保护自己的方法有很多，比如讨好、回避、自闭等，因人而异。大部分孩子为了避免直面父母的强烈情绪，会选择用听话的方式迎合父母，尽可能按照他们的要求去做，久而久之就形成讨好型人格。具有讨好型人格的人，从小到大，其内心世界一直充斥着恐惧和不安，在所有的人际关系中常常会委屈自己去满足别人，不敢让自己快乐，他们的人生很难有幸福感。对心理能量强的孩子来说，父母的强烈情绪会让他们感到愤怒和厌恶，并下意识地远离他们。无论是保护自己还是远离父母的行为，都会影响孩子的心理健康，让亲子之间无法实现心与心的亲近，父母就无法和孩子享受美好的天伦之乐。

对父母而言，一旦有了强烈的负面情绪，常常会忘记为孩子好的初心，情绪失控而打骂孩子，把想象中的美好愿景变成一场亲子教育的灾难。很多家长在情绪失控过后会感到后悔和自责。心疼孩子的家长会向孩子道歉，并保证下次不再发脾气，但没过多久，类似的情形会再次发生。我常常听到来访者这样的自我总结："唉！我今天又没控制住自己的脾气，竟然又骂了孩子。孩子太可怜了，我真的不想这样。""我太没用了，学了这么多，还是教不好孩子。"

也有一些家长会感到灰心丧气，为了避免再出现情绪失控的情形，干脆从内心放弃对孩子的管教："我已经尽力了，就由着他吧，该怎么样就怎么样。""我认命了，再也不管他了。他的人生怎么样我是没有办法管得了。"这些家长和其他人聊起教育孩子有多难的话题时，会讪讪一笑："我觉得没什么，都已经过去了。现在我们的亲子关系挺好的，我们都尽量不触碰那些让大家不开心的话题。"从亲子心理的角度来看，这就是一种自我欺骗，实际上父母并没有真正放下。亲子关系看似和谐，实则暗潮涌动，一旦出现问题，负面情绪会爆发得更激烈。

东东上初中以后，他的学习几乎都由爸爸来关注。我经常听到东东爸爸在他房间大声说话的声音，声音里隐隐透着不悦。当辅导结束后，我问他："我刚才在外面听到了你的声音，感觉到你有点生气，是儿子又惹你啦？"他回答说："他倒是没惹我，但我看到他那个马虎的样子，就气不打一处来，声音不知不觉就大了。我已经在尽量控制情绪了。""噢，你太不容易了。辅导孩子真的是个高难度的活啊。""我其实很不喜欢对儿子生气，但有时真的控制不住。""我理解，但你有没有想过你的情绪究竟是从哪里来的呢？""哎，你别教育我，我会自己调整好的。""你太棒了，我相信你可以做到。"

后来，我又很多次听到那些声音，但只是听着，不再询问。终于有一天，东东爸爸对我说："我决定不管他的学习了，我也没有能力管，就由着他自己吧。"我说："也行，学习确实是他自己的事，就让他自己发挥吧。"又过了一段时间，我发现他又开始心平气和地辅导儿子，到控制不了情绪的时候又放弃。在如此这般反复的过程中，儿子完成初中学业，考上了高中。这一次，他很郑重地对儿子说："你长大了，也住校了，高中的学习就完全靠你自己了。"儿子答应得很好，但学习态度并没有东东爸爸想象的认真。他看在眼里，急在心里，但并没有跟儿子说什么。在期中考后，他看到儿子的分数时情绪瞬间变得很低落。那几天我刚好有事不在家，他来电话说几天晚上都睡不着觉，说着说着就开始找我的碴，质问我为什么还不回家。很多父母在这个时候会因为孩子的学习问题而发生激烈的争吵，并且会将情绪发泄到孩子身上，随之而来的就是一家人的冷战，以及后续出现的表面和谐的状态，父母在对待孩子的学习问题时都会小心翼翼，甚至真的不再讨论。

根据我过往的咨询经验和对儿子的学习特点、潜能的了解，我并没有被孩子爸爸的情绪左右，我决定和儿子好好交流一下，分析一下没考好的原因，然后进行有针对性的调整。面对孩子爸爸的低落情绪和言行，我也能够理解，并意识到我需要和他认真讨论一下。于是，我回家后和他进行了坦诚的交流，告诉他我理解他的心情，并商量好等儿子回家后好好和儿子交流关于学习的事情。

那个周五下午，儿子带着一张写着反思的成绩单回来了，既分析出没考好的原因是自己没有认真听课、没有认真做作业、考前没有复习等，又写出了改善的计划和目标。我问他为什么没有认真听课、写作业，他说："我没想到考大学是那么难的。"我们哑然失笑，我俩都知道这孩子的确是个心大爱玩的人，有这样的状态实属正常。我们三个坐在一起，进行了理性的交流。我问儿子："你需要爸妈为你的学习干点什么吗？"他说："说具体点吧。"我说："对于你的英语，爸妈都给不到你支持，我们可以帮你报个补习班；对于你的理科科目，你爸爸还是可以辅导你的，你需要的话爸爸很愿意在周末的时候陪你一起讨论。这些你需要吗？"儿子说："可以啊。"于是，我第一次给儿子报了英语补习班，孩子爸爸关注儿子的理科科目的学习情况。期末考试，他的英语提升了30分，学校排名提前了20名。虽然成绩仍然未达到他的目标，但我们的心情都很不错，因为我们看到他有实实在在的进步，也知道他还没有用尽全力，后劲还是很足的。儿子也信心满满，表示下一年的目标是学校前10名。在我看来，他能不能进入学校前10名不重要，重要的是他有了自己努力的目标，他能积极向上。

在实践中，我深刻地感受到，父母在孩子成长问题方面的回避，其本质是不愿意或者说没有能量去面对自己的情绪。而不愿意面对自己的情绪的深层原因是不愿意面对内心的痛苦和恐惧，以及亲子问题带来的各种各样不好的状态。如果父母能跳出事件的表象，直接面对并处理好自己的负面情绪，就能妥善处理好面临的问题。

那么，我们该如何面对情绪呢？简单来说，就是两个字——觉知。我通过下面这幅图来理解觉知，图中的太阳比喻我们每个人内心都具有的觉知，图中的白云、乌云比喻我们内心的思想观念和各种情绪。当负面情绪发生时，我们可以闭上眼睛，去感受内心的太阳（觉知），从太阳的视角去观察情绪带来的负能量在身体内流淌或横冲直撞，去观察围绕问题而产生的各种思绪。这就是面对情绪的方法。

觉知消极情绪带来的负能量

　　什么是经历情绪呢？绝大部分人都曾在生活工作中产生过强烈情绪，都知道强烈情绪产生以后不会马上消失。如果我们选择面对情绪，并且像太阳看着乌云那样观察情绪，就会经历情绪发生的过程。具体如何做呢？即不论内心的情绪怎样发生、怎样流动，怎样使我们的身体痛苦、思想纠结、身心难受等，一直用觉知面对并陪伴这些猛烈发生的情绪，这个过程就是在经历。用觉知经历情绪的人常常会有一些典型的感受，比如，有时候感觉万箭穿心，痛苦得"撕心裂肺"；有时候像蚂蚁在撕咬；有时候会有强烈打骂他人或打自己的冲动等，各种各样的痛苦感受都可能会遇到。

　　如果负面情绪来得太猛烈，而我们面对情绪的能力又不够，那就坚持不了多久，可能在负能量变得更强时出现抗拒心理，想快点解决伴随而来的痛苦。一旦我们产生了这种快点解决问题的想法，"觉知"就会松懈下来，就无法再从太阳的视角来看待问题，而是瞬间陷入负能量的旋涡里。这时候的我们无法再冷静，会像一匹脱缰的野马，口不择言，身不择行。有人形容这样的状态是"短暂的发疯"，这样的形容确实是比较形象的。大量心理学实践证明，抗拒负面情绪不但不能让我们的内心平静，还会加强负能量，容易引发更激烈的冲突，甚至出现无法预料的后果，如冲动之下打骂孩子、冲动式离婚等一些本可以避免的悲剧。因此，遭遇负面情绪并不可怕，可怕的是我们抗拒它的出现。李新异老师这样叮嘱我们："千万不要拒绝这些情绪的出现，千万不要对情绪说'不要、不要起来''我不要你'等抗拒的话。"

　　在多年的情绪管理实践中，我也总结出经历情绪的关键点，即无论情绪的演绎有多么的剧烈，只需要保持觉知的状态，并陪伴负面情绪带给整个身心的感受。做到了这个关键点，我们就能将负面情绪转化。

　　什么是转化情绪呢？在经历情绪的过程中，只要我们能守得住觉知的状态，以陪伴的心态对待那些面目狰狞的情绪，那么，情绪带来的负能量会自然发生转化。所以说，转化情绪的过程是自然发生的，就好像我们洗好的衣服晒在太阳底下会自然变干一个道理。

　　如同衣服变干的速度受空气的干湿度影响一样，情绪的转化速度也可以被影响。如果想加快情绪转化的速度，可以在心里默默地对负面情绪说，"我看到你了，我陪着你，我爱你"，也就是把情绪当成好朋友来对待。这样的做法看起来有点令人费解，甚至是有点傻，但确实可以让情绪更快速地转化。

　　什么是扬升？扬升表达的是负面情绪得到转化后的结果。我们的身心在面对、经历、转化情绪的过程中自然发生极大的调整和改变，或者说是完成了整个身心能量体系的更新换代，把负面情绪直接转化成了正能量。扬升的具体体现是这样的：慢慢感受到内心的那股难受的感受没有了，痛苦也没有了，纠结的东西都没有了，整个身心平静、安宁。此时，我们的内心像平静的湖面一样不起波澜，但身心舒畅，看什么都会觉得顺眼。

　　李新异老师说："一次又一次地情绪转化，本质上就是一次又一次地把我们的身心提升到了不同的境界里面，就像发射火箭那样，一级火箭、二级火箭、三级火箭，不断地点火、脱离，把卫星推送上去。"对此我有切身体会，这个过程其实就是自我成长的过程，也是儒家文化讲的修身养性的过程。古有"半日静坐，半日读书"之说，静坐的过程其实就是觉知内心世界的过程，古时候的谦谦君子就是这样逐步养成的。

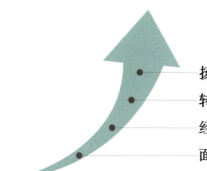

扬升：身心状态逐渐平和
转化：身心自然发生调整改变
经历：感受情绪在身体里的状态
面对：观察内心情绪

觉知情绪四部曲

接纳负面情绪可以让情绪快速转化

　　这里讲的觉知四部曲是主动转化情绪的方法。这个方法由情绪管理实践总结而成，蕴含着中华优秀传统文化的修身精华，可以非常直接地处理情绪。觉知四部曲看起来简单，但用起来并不容易，需要我们带着探索的心在生活中不断进行实践，需要我们在实践中获得切身的体会，并不断总结才能用得炉火纯青，不断开阔心境。如果在践行觉知四部曲的过程中脾气越来越大，情绪越来越控制不住，最后爆发出来，这很可能是错把忍受当成了觉知。检验觉知四部曲是否用对，只需要看我们的心境是不是能够从激烈的情绪状态慢慢地过渡到平和的状态。

　　对于没有训练过觉知四部曲或者已经有实践经验的人来说，在某个当下用不好都是正常的。用不好的原因可能是遇到的负能量相对于自己当下的心境来说太强烈了，主动转化难度太大。如果要解决强烈负能量的影响，可以寻求专业心理咨询师的帮助。咨询师可以采用潜意识情景对话技术，帮助来访者强烈重大情绪，加强来访者的觉知能力，降低来访者主动处理情绪的难度，从而获得应用觉知四部曲的成功体验。潜意识情景对话清理强烈情绪的过程，就好比身体上长了大脓疮，要想根除痛苦，得先割开脓包，清理出坏掉的部分，然后上药包扎。觉知能力则类似身体的免疫力，是人的心理自愈机能之一，每个人都具备这样的机能，其强弱因人而异，但不管是强是弱，都可以通过不断练习觉知四部曲得到提升。可以这么说，身体健康靠免疫力，心理健康靠觉知力。

　　很多人宁愿数年如一日地承受内心痛苦的折磨，也不愿意去找专业的心理咨询师协助，究其原因是害怕被贴上心理有病的标签。事实上，我们都是凡人，都有七情六欲，在遇到不如意的事情时，有负面情绪是很正常的心理现象，就像身体的感冒发烧一样，并不丢人。当然，求人不如求己，我们掌握了觉知四部曲，就可以依靠自己的力量快速调整好心情。但如果我们内心的痛苦太大，靠自己的力量走不出去，或者根本没有勇气去面对，建议敞开内心，积极寻求专业人士的支持和帮助。需要注意的是，负面情绪是不会自行消失的，如果不能自己觉知处理也不找专业人士协助处理，它就会一直存在于我们的身心当中，会像不定时炸弹一样随时被点燃，不仅会影响亲子双方的身心健康，还会影响整个家庭成员的生活品质。

一切负面情绪都是纸老虎

一切负面情绪都是纸老虎、这话我爱听。我曾经因甲状腺功能异常而情绪失控，最严重的时候，逮谁"咬"谁，一点点小状况都能引起我的情绪爆发，我曾经以为自己患上精神疾病了。现在想想，先生和父母当时的开解方式虽然不够专业，但其实很像觉知四部曲的删减版。今天趁着新知识正热乎，我再仔细分析下自己情绪最跌宕的那段时期。

面对：剥开情绪失控的真相，直面自己的崩溃和无助。在家人的陪伴下，我清晰了解到自己的疾病的确容易造成情绪波动，并承认了自己的状态的确出现了严重的问题。经历：再次看待情绪的爆发，不再一味的愤怒，而是尝试着告诉自己、安抚自己，这样的负面情绪是正常的，爆发也是疾病痛苦的宣泄，我不是异类，我只是病了，我在经历生病的过程而已。转化：先生和父母的陪伴，给予我力量，他们会在我最痛苦的边缘拉我一把，让我能够喘息，去自我消化、去理顺这些令我烦躁的部分。这样，即使我处于情绪爆发状态，也能保有一份理智远离崩溃，给疗愈留足时间。扬升：从激动到较为平和地面对自己，我经历了小半年的时间，不断地看着自己从猛烈爆发愤怒到渐渐地减少发怒的次数，到现在无须家人帮助也能渐渐冷静地控制自己的愤怒情绪，即使发怒了，也能很快恢复理智。不清楚我的自我觉知是否标准，但在课程的逐渐深入下，我学到了很多处理问题的好方法和看问题的合适角度。课程真的很棒！当然请允许我说一声：自己也很棒！

很庆幸自己告别了乱吼

我这几天身体不舒服，感觉身心异常疲惫，情绪也不稳定。今天吃完早餐后，我感觉身体发冷，体温又升高了，吃了药后昏昏欲睡，就去房间休息了。但是小宝还是一如既往的精力旺盛，他见我在床上休息也爬上床玩。

他在床上跳上跳下，我躺在旁边整个人都被弹起来了。那一刻我很生气、很愤怒，很想大声地吼他让他停下，很想把他按在床上狠狠地揍一顿。我都这么难受了想休息一下，他竟然在床上跳蹦床，太让人生气了，我感觉胸口有一团火在不停地燃烧。我用觉知四部曲的方法，看到自己生气是因为我不舒服，我希望孩子可以更加懂事，我希望他能安静地待着，我希望他能管好自己，不给我"找麻烦"，可是他也只是一个小孩子，他还不知道要怎么做。除了吼他，我可以清楚地告诉他我的需求，相信他是愿意听的。这样想的时候我心里的怒火已经平息一大半了。我尽量用平和的语气告诉他："妈妈现在不舒服需要休息一下，你这样跳让我很不舒服，让我更难受了，所以请你停下来好吗？"听完我的话，他就不跳了。所以，有时候我们觉得孩子不懂事只是他不知道要怎么做，当我们很清晰地表达自己的需求，他是能够听懂也很愿意为我们着想的。很庆幸我看住了自己的情绪，没有对孩子乱吼一通或者做更严重的伤害孩子的事情。

我学会了觉知四部曲

这段时间因为太忙，每天来回的时间又太长，感觉每天都有很多做不完的事情，非常疲惫，而且陪不了家人，感觉什么事都没有做好，非常烦躁、难受。在这种状态下，我选择除了基本工作之外，暂时搁置其他事，让自己有更多的时间好好地陪伴家人。这样几天后，我决定不再躲避这个感觉，我让它在我的身心中流淌，我开始陪伴这种感受、觉知我的情绪，我用心感觉疲惫和烦躁，感觉心里有一个黑黑的旋涡，我陷在那里很不舒服、很难受。我静下心来陪伴着这种感受，闭上眼睛静静地陪着自己，陪着这种让自己不舒服的感受，用心去觉察它，去看到它，去理解它。我用文字表达我的感受和想法，写着写着，我看到我的情绪来自一颗比较的心、一颗不够自信又争强好胜的心，我看到了我的那颗外求的心，我看到了……我的心，在那里难受，在那里骚动不安。我对我的心说：我会陪伴着你，接纳你，我允许你的这个状态，我陪着你，我爱你……慢慢地，我的心里变得不那么纠结难受了，慢慢地，我的心中升起一股喜悦的暖流，我觉得整个人都轻松了起来。我想这就是用觉知四部曲让情绪慢慢转化和扬升的过程吧。

 亲子心理探秘实践

　　请找出一件让你不开心的事，按照觉知四部曲的步骤进行觉知练习，写出心得体会，字数不限。

第 12 天
如何体察孩子的内心需要

父母为了孩子付出很多，将自己认为最好的东西给孩子，却不知道孩子只需要父母关注和认可自己，需要父母恩爱和谐并生活得轻松快乐。

体察孩子的内心需要，可以让父母对孩子的爱更契合，让亲子的身心更有益。

扫码观看本节视频课程

　　在养育孩子的过程中，很多家长不明白孩子的言行举止，不知道孩子究竟需要什么。遇到孩子哭闹就心慌，手足无措，只能想尽办法让孩子停止哭闹；遇到孩子生病，尤其是频繁地生病，会感到心力交瘁，除了带着孩子去医院、打针吃药，剩下的就是焦虑；遇到孩子的成绩下降，会心情沉重或非常愤怒，急着想解决问题；遇到孩子突然说不上学了，会感觉当头一棒，不知道孩子怎么了……因为读不懂孩子的状态，我们的很多努力是白费的，甚至是起反作用的。

....

　　大约十年前，我负责一家国学幼儿机构的运营。有个3岁多的男孩，姓朱，小名猪仔。他妈妈回北方老家生二宝的时候，带着他一起回去了。回家后没过多久，猪仔妈妈给我报喜，说生了个闺女。儿女双全了，自然是很高兴的。但好景不长，半个月后，猪仔妈妈又给我来电话，言语之间充满了焦虑，她说猪仔生病了，反复低烧，怎么治疗也不见好，不知道哪里出了问题。听着猪仔妈妈的描述，我开始琢磨：猪仔在我们学堂待了一年左右，身体很健康，几乎没有生过病，一回家就出现这种情况，这样的反复发烧可能跟外界因素有关系。并且，这个外界因素大概率跟妹妹有关。就在那个当下，我心里洞察到了问题的原因。我问猪仔妈妈："你生女儿之前是不是带着猪仔一起睡的？"她说是的。"你生了妹妹之后还带他一起睡吗？"

她说："没有带他一起睡，我担心妹妹哭闹会吵到他睡觉，就让他自己睡了。"我对她说："如果经过正常治疗后，孩子还是反复发烧，可以从心理上找找原因。你可以问问猪仔：是不是想跟妈妈一起睡？如果他说是，你要跟他道歉，并说你没有考虑他的感受，担心妹妹吵到他，就没有带他一起睡，请求他原谅。然后问他怕不怕妹妹吵，如果他说不怕，就邀请他和你一起睡，一起来照顾妹妹。"很快，我收到了反馈，猪仔妈妈说，猪仔果然是想跟她睡的，她带着他一起睡，猪仔第二天就退烧了，后来也没有反复发烧了。

猪仔这种反复低烧的情况，其实就是被妈妈忽视后内心压抑，不懂表达，而用身体生病的形式来抗议，目的就是想获得妈妈的关注。一旦妈妈真正关注到他，并给予合理的满足，他的身体就恢复了健康。此前讲过的那个二年级就厌学的女孩，也是属于这种情况。一到学校就开始发烧，并且越来越频繁，这都说明孩子很抗拒去学校。她的妈妈注意到了这一点，便将她转学到我的国学书院，转过来后她就没有再出现上学发烧的情况。在书院，我们从不同角度去关注她的真实需要，并有针对性地设计解决方案，最终，她的厌学情绪逐步消失，获得了理想的阶段性成果。

孩子生病时，如果我们不受"生病是不好的"这个观念的影响，就不会产生焦虑和恐惧。如果受到了影响，产生了焦虑和恐惧等负面情绪，那也没关系，可以用觉知四部曲平复这些情绪。待到心境平复后，再来体察孩子想表达什么，需要什么。这个时候，我们往往能够透过现象看到本质，真正找到解决问题的钥匙。这种解决问题的思路摆脱了头痛医头、脚痛医脚的直线式思维，提升亲子教育的品质。所以，孩子生病并不全是坏事，这也是在提醒我们在养育孩子时需要做出一些调整，或养身，或养心。

同样的道理，孩子的非正常哭闹、不上学、叛逆或自残等情况也是希望获得父母的关注，具体来说是渴望父母能够有所作为，帮助他们解除内心的痛苦。有些父母面对孩子这些状况时，不仅不能体察到孩子的内心需求，还会责怪孩子不听话、不懂事。这会加重孩子"问题"的症状。所以，如果小打小闹、小病小痛不足以引起重视，孩子可能会生重大疾病，或以叛逆、自残的方式刺激父母，以引起他们的关注。这种方式是孩子的某种自救行为，并非在理智情况下的有意为之。如果父母能体察到孩子问题背后的这些需求，就能找到简单、高效的方法化解孩子的问题。

有些孩子会用很乖、很听话、拼命学习的方式来获得父母及他人的认可。有这样一个女孩，她通过自己的努力超水平发挥，以优异的成绩考上了重点高中，但也如那个考上重点初中的孩子一样，读了半个学期就读不下去了，逼着父母给自己办休学。经过咨询，我发现这个孩子的父系家族有重男轻女的陋习，孩子从小就渴望得到父母和家族亲人的关注，表现得很乖巧听话，尤其是中考前一年，孩子拼了命地学习，连吃饭、睡觉都觉得是浪费时间，终于考上了重点学校，获得了家族的认可。但是，高中的学习难度远远大于初中，已经用尽全力的她发现自己有心无力，做不到之前那么优秀了，但又很想继续获得家人的认可，痛苦如排山倒海般袭来，课上莫名地哭泣，后来发展到看到学校就开始哭。实在没有办法，妈妈只得应她的强烈要求给她办了休学。休学在家后，她完全不学习，关在房间里打游戏，也不做家务，跟家人的沟通很不顺畅。看着孩子的状态，妈妈无比焦虑和痛苦，但孩子不愿意接受咨询。妈妈只得在咨询师的帮助下处理自己的负面情绪，在这过程中，她看到自己从来没有真正关注过孩子的内心，自己的一些不当言行甚至伤害了孩子，也终于体会到了什么是无条件的关注和认可。妈妈在持续的咨询学习中越来越理解孩子的状况和内心需要，无论是心境还是言行举止都发生了很大改变。孩子的内在需求得到满足，慢慢变得积极起来，不到一年，又重回学校开启读书生涯。

　　父母通过孩子的言行举止看孩子的需求，可以找到四两拨千斤的解决方案，更有效地帮助孩子。如果孩子从小到大都对批评指责非常敏感，很容易委屈，爱哭，说"活着没意思"，说明他在胎儿期可能接收到了父母不想要他的想法，内心需要父母持续的无条件的爱、认可及对错误的包容；如果孩子不止一次地说"我以后不想生孩子"，说明他长期没有感受到亲情的滋养，他的内心需要父母的陪伴和无条件的爱；如果孩子不和父母交流，且闭门不出，或离家出走，都说明他们对父母很失望，需要父母关注到他内心的各种感受，并能理解他，支持他……

　　每个孩子的内心都很单纯，都期盼美好的事情围绕自己。他们不仅渴望得到父母的关注和认可，还渴望家里的氛围温暖和谐，渴望父母恩爱，永远生活在一起。如果父母相处不融洽，总是争吵，孩子的内心是烦躁、痛苦的，面对学习静不下心来，学习效率很低；如果父母离婚了，没能和孩子生活在一起，孩子内心会有被抛弃感，会讨厌自己，提不起学习的兴趣；如果父母经常冷战，家庭氛围特别压抑、沉闷，孩子的学习内驱力会减弱，难以集中注意力，放学后不想回家，大一点就想远走高飞。那些考上大学去离家比较远的学校读书的以及工作地也选择离家较远的城市的人，很可能内心就是不想回家的。

　　我曾经在一次母亲节主题沙龙中问在座的朋友："在外面打拼觉得身心疲惫想回父母家的朋友请举手。"结果，在座30多位朋友只有2人举手。这说明什么呢？说明绝大部分人的父母并没有让他们感受过家庭的温暖，他们即便是很累了也不想回家。可以想象，这些朋友在跟自己孩子相处的时候，内心也是缺乏温情的，给不了孩子需要的温暖，遇到负面情绪爆发时还会控制不住伤害到孩子。一代又一代的父母延续着这种状态，导致在物质条件优渥的今天，孩子们却纷纷出现心理问题。

　　当父母沉浸在不想过下去的状态中时，可能不会想到孩子的内心有多么

每个孩子都期盼美好的事情围绕自己

渴望看到他们恩爱和谐、相伴到老；当父母为了给孩子创造更好的物质条件而分居两地时，可能不会想到，再优渥的物质条件给孩子带来的快乐也比不上和父母生活在一起的快乐。当前，越来越多的人晚婚甚至不愿意结婚，这种想法不是他们长大后产生的，而是在童年时期就已经形成在潜意识里了。家庭教育无小事，童年的经历会影响其成年后的生活。有些孩子特别执着，为了让父母生活在一起，会在父母激烈争吵的那段时间突然重病或发生意外事故，目的是唤醒父母内心的爱，阻止他们分开。可见，孩子在父母关系这方面的心理需要没有得到满足，后果是很严重的。

当父母在担心孩子不懂事、不认真学习时，可能并不知道孩子也在担心父母，他也希望父母过得轻松，希望自己不要成为父母的负担。事实上，父母以牺牲自己的代价来爱孩子，孩子也会觉得痛苦，怎么也高兴不起来。有一次，一个读高三的少年来访者因提不起学习的劲头前来咨询，打开话匣子后，他郁闷地说："我感觉钱不够花，我想去赚钱。"我问："很快就要高考了，现在是读书的关键时期，为什么想去赚钱呢？父母给的钱不够花吗？"他说："他们给的不够，而且给钱的时候让我感到很难受。我知道他们赚钱不容易，所以也不忍心跟他们要更多。"从这里可以看出，这孩子体谅父母的辛苦，这种体谅的思绪使孩子有较重的心理压力，进而想去赚钱以减轻父母的负担，而不能专注在学习上。所以，在当今这个时代，用自身的苦和累来刺激孩子积极行动的方式并不可取。

孩子内心需要的是正能量的滋养。"穷且益坚，不坠青云之志。"父母的认可和担当能给孩子无穷的力量和无限的可能性。我家在农村，兄弟姐妹五个，那时读小学是要交学费的，家里经济拮据，常常交不上学费。但我妈妈跟我说的一句话让我至今仍然很感动，她说："只要你能读上去，我一定会想办法给你交学费的。"就因为妈妈这句话，我在任何经济困难的情况下都没有想过要放弃学业，一路读到硕士。妈妈传递给我的正能量支持我突破了贫困的限制，走向了更广阔的天地。

有这样一个心地仁厚、能量特别强的孩子，他的妈妈是位企业家，很爱他。有一天，他妈妈跟我说，孩子的鼻子反复出现问题，实在没办法做了个手术，但之后全身皮肤也总是反复发痒，中西医的治疗都没效果。我猜测这孩子的身体反应是心理问题导致的，便建议她让孩子做一次潜意识情景对话。下面是潜意识情景对话中妈妈感受到的孩子的心声："我忍你们很久了，你们太心急了，你们今天种树，明天就想收果子。我还只是孩子，有爱玩的天性，闹腾都是正常的，我已经尽我最大的努力了。你能不能耐心一点，等我长大，让我开心快乐地长大？！你们好好地过自己的生活，你们开心快乐我身体就好了，你们是父母，是我们孩子的天。我孝顺，不想跟你对抗，否则结果就是两败俱伤。你们用父母的权威来压制我，就像两座大山。但你们根本压不住啊，要知道你们能力有限，你们过得这么辛苦，我很心疼你们。我没有办法，只能用身体来唤醒你们，你们对我的保护没有起到作用，反而是障碍，让我很压抑，看不到希望，我不知道自己能扛到什么时候，我头上都长白头发了，背也驼了……"

孩子的心声道出了一个很典型的现象，即弱能量的父母用尽全力"保护"强能量的孩子，强能量的孩子为了成全父母的"保护"，只好压抑自己，导致身体出现问题。大量的亲子心理实践经验发现这样一个规律：孩子如果反复出现鼻子和皮肤的疾病，往往跟心情长期压抑有关，从心理层面探索解决方案有助于疾病的根除。

对每个个体生命而言，身心本来就是一体的，心理状态对身体的影响非常大，好心情让人免疫力增强、身体健康，不好的心情让人身体沉重或生病。为了给孩子更高品质的爱，不论是孩子的身体还是心理出现状况，我们都不能简单地去解决孩子呈现的表面问题，而是先要处理好自己的紧张、焦虑等情绪，在平和的心境下体察孩子呈现出来的问题的根源。

如上所述的孩子，他的鼻子和皮肤反复出现问题，真正要表达的是父母的爱让他很难受。也就是说，父母的爱并没有达到滋养孩子生命自在成长的效果，反而让孩子身心倍感压抑。如果只是看医生、吃药、做手术等，孩子内心的压抑并没有解除，身体的问题还会反复出现，时间一长，身体和心理都会出现大问题。因此，我们倡导父母因人施爱。

体察孩子的内心需要并给予相应的满足，就是因人施爱。但父母自己从小到大在各个时期所受到的痛苦和磨难会影响他们的体察能力，导致他们在面对自己孩子的问题时会产生迷茫和无奈，这都是情有可原的。可以这么说，每个问题孩子的背后必定有个曾经受过伤害的父母，疗愈父母才能真正疗愈孩子。

怎样才能透过千差万别的表面事件快速体察孩子的内心需要呢？我常常会用"将心比心"这四个字，在咨询过程中也会建议来访者用好这四个字。我们想象自己回到小时候，设身处地体会遇到类似事件时自己的感受，比如我们在生病时是不是特别渴望和享受父母的关注？当我们体会到了孩子的内心需求，就能明白孩子的不良状态是在提醒我们调整教育理念及自己的心理心态。父母主动学习，全方位认识孩子，认识问题形成的根源是父母疗愈孩子问题最有效的良药。如果孩子已经出现重大问题，我们特别焦虑，但根本体察不到孩子想表达什么，建议寻求专业心理咨询师的帮助。

学员内心告白

每个月生病是想被父母关注

　　小时候，我最需要的是爸爸妈妈的关注和爱，想要他们的陪伴。父母很认可我，但是却很少管我，基本上不关注我。我也很乖，能够自己完成学习任务和家庭任务。但是，我每次生病，妈妈就会放下手上的事情，背我去医院看病，直到我上初中都是这样。所以我认为，我小时候每个月生病可能就是为了满足自己想被关注的需求。

孩子说要爸爸妈妈在一起

　　没有谁比孩子更渴望父母和谐，家庭幸福。记得几年前，我总是跟老公吵架，甚至威胁要离婚，孩子听到我们吵架就会哭，甚至会说我们不考虑他的感受。当我们问他跟谁的时候，他就会说谁都不跟，他要爸爸妈妈在一起，他很伤心难过。他还会责备我们为什么要吵架，有什么事不可以好好沟通。最终，我们的家没有散，而且越来越幸福，儿子在其中起到了很大的作用，他把我们骂醒了。

亲子心理探秘实践

　　请闭上眼睛，回顾自己童年时期内心的真正需要，想象孩子站在自己面前，体会孩子内心真正的需要，把体会到的过程描述出来。

第 13 天
如何用心与孩子交流

　　每个孩子都是一个独立的生命个体，让孩子拥有独立、自信的人格是为人父母的第一要务。如何做到呢？用心交流是关键。

　　用心与孩子交流，他才能感觉到被关注和被尊重，心理成熟后才能走上独立和阳光自信的道路。

扫码观看本节视频课程

　　孩子在胎儿时期便拥有完整的人格，有思想、情感和感受。这意味着孩子从胎儿期开始，到出生、成长等生命的各个阶段，他都是一个完整的生命体，是一个和我们成人有着平等人格的生命体。用心和孩子交流的前提就是把孩子当成一个真正的生命体，当成我们的镜子，当成一个心理大师。

　　曾看到这样一个短视频，下班回来的爸爸抱着2个月大的婴儿，爸爸专注地看着孩子，孩子也定睛地看着爸爸，眼神交流一会后小婴儿的眼眶里蓄满了泪水，撇嘴哭了。显然，孩子是委屈的，仿佛在表达："爸爸你去哪里了，怎么才回来呀？"这样的视频让我们感受到孩子是被爸爸用心爱着的，情不自禁为爸爸的行为点赞，同时也让我们看到，这个幼小的生命感受到了爸爸对他的关注，同时也表达了自己的委屈。

　　对孩子用心，本质上就是尊重孩子的人格，体会孩子的内心感受，理解孩子的内心需求。用心和孩子交流有很多好处，最大的好处是能使孩子拥有独立完善的人格，在学习、工作生活中充满自信。这对孩子的人生有什么用呢？简单来说就是，如果父母在养育孩子的过程中一直用心跟孩子交流，那么，孩子的"心理银行"里面就储存了巨额的优质能量，将来他在面对自己的人生的时候就会游刃有余。

　　但是，现在越来越多的孩子无法处理生活及学习过程中的困难，出现心理问题的比例居高不下，严重的直接放弃生命。这说明孩子的"心理银行"

里并没有足够的优质能量可用。原因不难找到，就是绝大部分家长没有把孩子当作独立的生命体看待。我询问过很多已经当母亲的朋友，问她们在怀孕时是否有和肚子里的孩子交流，90%的回答是否定的，都说只想着能平安顺利地把孩子生下来，根本没想过要和孩子交流。孩子在婴幼儿时期被当成动物一样看待的情形也很常见。

在一次咨询过程中，我通过来访者的描述了解到一个厌学后休学的孩子在幼儿时期的遭遇和心声："我的妈妈工作很忙，基本没有管过我。我1岁多一点时，阿姨带我。她像对待病人一样照顾我，喂我吃饭、喝水，我想自己来，但阿姨不给我自己来。我想自己学习，想要玩具，但她不让我自己玩，总是立马告诉我要怎么做。我感觉自己像个废物一样，一点用都没有。"这个孩子从小就被阿姨这样带大，感觉自己像个废物，长大后没有做家务的意识和能力，看到父母忙碌，家里乱糟糟的，也不懂要帮忙收拾。当她在学习上遭遇到难以克服的困难时，幼儿时期形成在潜意识里的挫败感和无用感涌上心头，自信心被击垮，内心痛苦异常，只能休学回家。妈妈看到孩子幼儿时期的遭遇后，体会到了孩子的痛苦，瞬间理解了孩子当前的状态，知道自己该怎么做。

让人忧心的是，绝大部分家长仍意识不到孩子是一个独立的生命体，并没有把各年龄段的孩子当人看。据一个家长说，她读小学三年级的孩子生性比较调皮，在一次上课的时候，老师刚进教室，第一件事就是把她的孩子拎到教室前面站着。我们将心比心体会一下这孩子的心理活动："我什么都没干，怎么就罚我站呢？！"委屈瞬间就会涌上心头。同时，教室里那么多同学，老师就罚他一个，让他自尊全无。作为家长，我们肯定会觉得这个老师太不尊重孩子了，没错，这个老师的做法的确不可取，太伤孩子的自尊了。但是，我们在亲子相处过程中很可能也干过类似的事，比如，家里某个东西坏了，不经调查就说是孩子干的；孩子写作业慢，不分青红皂白就骂他拖拉、磨洋工；孩子没考好，骂他学习不认真、不用功；孩子玩游戏，骂他不思进取，没目标、没出息；家里来亲戚了，当着亲戚的面教训孩子，说自己的孩子不如亲戚家的孩子好；孩子早恋，想尽办法阻止……

父母是孩子的第一任老师，也是终生的老师，父母的影响力远远大于老师。当我们没有用心对待孩子时，能量弱的孩子内心是很憋屈的，就会呈现出一种受气包的生命状态，在外容易招致批评、指责或惩罚。据了解，那个刚一上课就被老师罚站的孩子，在家确实是被父母忽视的，父母都忙着做自己的事，根本没想过孩子需要什么，孩子做错事了就骂他。孟子说过："行有不得者皆反求诸己。"当孩子在外面屡次受到不公正的待遇时，除了投诉解决问题以外，我们还有必要反思自己的养育模式。或者说，如果我们希望孩子在外面得到别人的用心对待，就要先在家用心对待孩子。

那么，和孩子交流不用心与用心分别体现在哪些方面呢？眼光方面，不用心的父母眼里只能看到孩子的缺点和没有做到的事；用心的父母既能看到缺点和没做到的事，又能看到孩子的优点和已经做到的事。在心理心态方面，不用心的父母把孩子当傻子或废物看，以为自己不教孩子就什么都不会，总是担心孩子出问题，害怕孩子做不到、长大后没出息；用心的父母是开放的心态，能看到孩子有无限可能，欣赏孩子的活泼灵动，有耐心陪伴孩子经历生活和学习过程的问题，一起寻找解决方案，不断成长。在言语方面，不用心的父母看到孩子做得不完美就说教、唠叨，孩子做得好就希望孩子能做得更好，孩子犯点错误就批评指责；用心的父母会理解孩子的各种生命状态，为孩子做到的事情鼓掌，对孩子犯的错表示理解和接纳，并一起想办法修正。在精神状态方面，不用心的父母在孩子出现问题时六神无主，不懂反思，更不明白是自己把孩子养出了问题；用心的父母在孩子出问题时很冷静，主动反思，积极寻找有利于孩子身心健康发育的解决方案。

当父母长期没有用心和孩子交流，孩子会压抑，甚至破罐子破摔伤害自己。因为不被当成一个真正的生命看待，孩子的尊严遭到漠视，人格遭到践踏、侮辱，久而久之，他的心理发育也会变得扭曲，继而产生心理问题。解铃还须系铃人，孩子的心理问题与父母的用心程度息息相关，只要在理解孩子内心需求的基础上用心交流，就能滋养孩子的内心，逐步解决孩子表现的问题。

曾有家长疑惑地问我："我如果无条件地接纳孩子，做到一点事情就鼓励赞美，是不是溺爱？会不会把孩子惯坏啊？"有这种担心的家长不在少数。因为这些担心，父母不敢无条件接纳孩子，即便看到了孩子优秀的一面，也不敢真心鼓励赞美孩子，因为他们害怕孩子不知天高地厚，取得一点成绩就尾巴翘上天不努力了。但孩子是怎么想的呢？让我们回到自己小时候感受一下，看看孩子的心理是不是这样的：渴望父母无条件接纳自己；渴望父母看到自己做了事情；渴望父母鼓励赞美自己取得的成果；就算犯了错、没有把事情做好，也渴望得到父母的理解而不是批评、指责……当得到了父母的接纳和鼓励赞美时，孩子是不是更有动力做事呢？当做错事得到父母的理解时，孩子是不是就想着要吸取教训，下次要做得更好呢？事实上，无条件接纳孩子、真心鼓励赞美孩子、理解孩子等行为不是溺爱孩子，而是用心交流的典型体现。

什么是无条件？无条件意味着不分析、不评判，没有任何要求和期望。无条件接纳孩子的意思是不管孩子呈现什么状态，他都是父母的孩子，都是一个真正的生命，都值得被父母关爱。无条件接纳的本质是一种高能量的心境，其力量非常强大、深厚，可以滋养孩子自在成长，助力其绽放生命光芒。

还记得那个3岁多仍不开口说话的孩子吗？他当时被好多所幼儿园劝

用心和孩子交流

退，原因是他在幼儿园不守规矩，不听老师的教育，还跟其他孩子发生冲突。他的妈妈经过咨询学习后，没有责怪和嫌弃他，而是给他选择新的幼儿园，并体会到他的内心需求是希望妈妈做一个温柔的妻子和母亲。于是，她积极调整自己和丈夫的相处模式，用心和孩子交流，尝试理解他不守规矩背后的心理心态，解读他和其他小朋友冲突背后的原因，鼓励赞美他做到的事情，并花更多的时间陪伴他。因为妈妈能够真正做到无条件接纳、鼓励赞美孩子，她和孩子的关系变得越来越亲近，孩子的身心状态也越来越好。一切的变化都在自然的情况下显现。

......

　　中考后的一段经历也让我至今记忆犹新。上初中的我喜欢看武侠小说，没有很认真学习，导致中考成绩不大理想，没有考上中专（90年代能读中专的人是很厉害的），离重点高中也差几分。班主任跟我妈妈说："你这孩子学习太不认真了，总是看小说，没啥出息，随便找个学校读读就算了。"妈妈回来后很平静地把这些话讲给我听，没有一句批评，然后问我："你自己什么打算呢？"我知道自己的确有点沉迷小说（后来知道这跟当时的心情有关），老师这么说我也是正常的，但心里还是不服气啊。我对妈妈说："既然老师把我看扁了，那我就读高中、考大学吧，我不能把自己看扁了。"妈妈说："行，你想好了，我支持你。"于是，我读了一所稻田中间的高中，三年时间里没看一本小说，除了身体原因导致总是瞌睡以外，所有心思都在学习上，三年后如愿考上大学。

　　妈妈这种做法也是在无条件接纳我，老师对我的评价并没有让她气急败坏地骂我打我。现在看来，她跟我的那番交流显然是用了心的，她肯定是知道我骨子里也是一个不服输的人，别人越是看扁我，我越是不服气，便选择了将老师的话原封不动告诉我，让我自己决定怎样做。我在写这段文字时，甚至在想老师的评价是不是她有意编出来刺激我的。不管怎么样，妈妈这样的交流方式让我感受到被无条件接纳和尊重，自动进入反思状态，内心的力量自然生发，找到学习的动力。试想一下，以我当时刺猬般的性格，如果她用骂我的方式来教育我，我肯定会破罐子破摔，直接承认自己是个没出息的人，然后走上一条自暴自弃的人生道路。

孩子是一个完整的生命体，是有良知、有情感、明事理的，父母的用心交流只会激发孩子的内驱力和潜能，而不会把孩子惯坏。担心把孩子惯坏不是孩子有问题，而是父母本身不够阳光自信。因为自己不够阳光自信，对孩子就给不出无条件的爱，说不出发自内心的鼓励赞美的话。如果我们总是带着担心的状态和孩子交流，那么确实有可能会把孩子养坏。

大树底下无大草，能为你遮风挡雨，也能让你不见天日。对应到亲子教育，有些物质成就或名望地位高的父母，因为自己太优秀了，在孩子很小的时候就用自己的高标准高要求去看待孩子，满心满眼都是孩子不足的地方，孩子的优点却一个也看不见，一门心思想把孩子培养成跟自己一样优秀的人。孩子生活在这样的父母身边，物质条件和教育资源都很丰富，但他做什么都可能得不到父母的肯定和赞美。就像大树底下的花草，得不到阳光和雨露，久而久之，他们的内心会变得压抑，充满阴霾。其中，一部分孩子在成长过程中拼命变得优秀，但内心没有喜悦感，对父母充满怨恨，长大后远远地逃离父母；一部分孩子在努力中失去动力，逐渐变得自暴自弃，对父母的要求不管不顾，甚至对抗，长大后"摆烂""啃老"，以刺激父母为乐。不管是哪种情况，孩子都很难有幸福感。父母当然也无法获得孩子的亲近，享受不到儿孙绕膝的天伦之乐。

总而言之，用心和孩子交流，我们就要透过事情的表象，欣赏和尊重孩子内在活泼灵动的生命状态，给予孩子充分的接纳、理解、肯定、鼓励和赞美。一旦意识到有压抑孩子的言行，及时调整，并尝试改正。我们每一个当下的用心，都能成就孩子受用一生的幸福。

女儿想死是我的问题

学完这一课，我想起女儿曾经在一张书桌上用刀划出"我想死"三个小字。我看到后不但没有心慌，还无情地嘲笑她："想死就去死啊，去跳楼啊！"后来，她又在作业本上写满"我要杀死你"，并撕下来贴满房子的墙壁。这时我才开始震惊和心慌，觉得女儿的问题非常严重，没有专业的心理咨询师真搞不定，但我压根没有想过是自己的问题。现在看来，自己当时真是无知至极，愚蠢之至。

回想自己养育女儿的过程中，用心交流的时候比较少。我只看到她的撒谎、逃学、厌学，上课不专心，做作业时心不在焉，不愿帮忙做家务，私自拿钱，上学前花在梳洗的时间超1小时……却看不到的优秀品质，将她在学校主动帮老师搬教具时热心助人的一面认为是理所当然；将女儿劳动积极勤快的一面看作是假积极，因为她在家啥家务都不做，说不想当我们的奴隶；将女儿喜欢运动并在校运动会获奖的阳光一面，看成玩多了，偶尔在校拿个小奖也正常；将女儿认真听语文课，作文描写细腻的一面，说成是虚构。我几乎不想听她讲任何事情，也听不进她讲什么，只想让她听我讲，结果是母女距离越来越远，她看我的眼里充满仇恨。

我的用心化解了女儿的情绪和对抗

对于女儿小时候的哭泣，我多数是不解、不接纳的，并对此埋怨、抱怨，所以她用大哭和长时间的哭泣来对抗我。昨天晚上我用心和她交流，约好今天晚上8点去一个老师那里，但临时有变动，改成中午去，孩子却不愿意。以前的我肯定会很气愤，埋怨孩子不理解我，但今天我坦然面对并接纳了她的决定，而且发现她做的决定挺好的，我一点不纠结。但下午又临时改变了计划，这时孩子表示极大的不满，我当时也有小小的情绪，到车上时，看到孩子在哭泣，我一时不知道怎么办，但是我的觉知起来了，我正能量起来了，真心坦然地放下了对她的期待和要求，接纳这个当下和她此时的不满。我轻声细语安慰哭泣中的女儿，女儿身体变得柔软，哭声停下来了，并且愿意接受我对她的抚摸，两颗心彼此理解、靠近，避免了女儿一次长时间的爆发似的哭泣。

我的用心让孩子绽放光彩

在进入新异心理咨询机构之前，我总是以自己的感受为主，忽视孩子的情绪和心理需求。所以，以前孩子常说我是家里的女王，说我控制欲太强了。孩子小学时常向我要钱去文具店买东西，但我时常没给她，其实那时根本就不懂那是孩子独立自主意识的萌芽。经过学习后，我知道要关注孩子的内心，要用心学会与孩子交流。前不久，孩子学校放端午假，她说想一个人去县城住酒店，想一个人去景区玩。我用心听完她的计划，然后爽快答应给予经济上的支持。她特别开心！因为我知道她特别渴望这种自由自在，不被影响、不被束缚的生活。而这种生活在学校的集体生活中是不可能实现的。当我们用心去共情孩子，接纳和尊重孩子，与孩子进行心与心的交流时，就会发现孩子的生命状态越来越灵动，且能让孩子绽放光彩。

♥ 亲子心理探秘实践

回顾自己在养育孩子的过程中，是否和孩子用心交流过？有或者没有，都请举例说明。未婚未育的可以回顾自己的成长经历，写下你希望父母用什么样的态度来和自己交流。

第 14 天
改善亲子关系的 5 个锦囊

接下来给大家分享新异心理咨询机构总结研发的5个改善亲子关系的锦囊，以帮助大家学以致用，切实改善亲子关系。这些锦囊有的直接可以使用，有的需要一些知识作为基础。

扫码观看本节视频课程

玩转游戏 共享快乐

实施功效

助力父母找回童年的快乐，消除亲子之间的隔阂，使亲子关系更亲近，沟通更顺畅。

具体做法

父母定期抽出时间，放下工作和头脑中的杂念，放下父母的身份，和孩子一起沉浸式玩游戏。

运用要点

理解孩子内心深处希望父母快乐的需求。孩子的内心深处都希望父母过得轻松快乐，当感受到父母活得身心疲惫时，孩子常常以各种"不听话"的方式逗父母玩，但不懂玩的父母看不懂，就可能会误解孩子，从而引发亲子矛盾。如果父母通过玩理解了孩子的心情，误解就会大大减少，亲子交流会增加很多的乐趣。

父母体会到玩的乐趣，便能理解孩子对玩的需求。父母如果不懂玩，就无法和孩子产生共鸣，不仅不能理解孩子在玩游戏中获得的快乐，还会看不惯孩子玩，每每见到孩子玩就忍不住批评指责，给孩子的"心理银行"存储很多负能量，导致孩子的玩心逐渐丧失，最终感受不到生活的乐趣，想玩也玩不起来。懂玩的父母懂得欣赏孩子在玩中绽放的生命光芒，放心地给孩子玩乐的空间，助力孩子身心健康成长。

陪孩子玩，为自己减压赋能。父母通过陪伴孩子玩，可以重新回到童年状态，找回童年的快乐，让自己的生命焕发生机和活力。陪伴孩子玩游戏，看似是在陪孩子，其实自己比孩子更开心，从中感受到孩子给自己带来的快乐，领悟到孩子也能给父母赋能，养育孩子的压力得到释放，身心变得轻松自在。

每天30分钟，生活大小事，事事皆可玩。如果父母能够每天花30分钟陪伴孩子玩游戏（具体游戏内容可以自己创造，也可以到网络上搜索），就会发现亲子情感迅速升温，亲子关系迅速改善。孩子感受到父母对自己生活的参与，对自己的关注和重视，自然愿意主动跟父母交流、分享自己的想法，整个人会变得阳光自信，学习、做事也更有动力。

孩子是主角。游戏的目的就是让孩子能够开心快乐，所以我们一定要确定，在游戏过程中，孩子才是主角。在玩的过程中，父母要学会观察、欣赏和鼓励孩子，一定要全然享受其中，千万不要一边看手机，一边玩游戏。

真诚沟通，解决孩子对玩的纠缠。很多时候我们要干活时安顿不了孩子，是因为前期沟通不够，陪伴太少，或者是我们的语气语调不好，对孩子不够尊重。当我们真的有事情要忙的时候，比如说要开会，可以跟孩子直接正式表达："妈妈现在需要你的支持，需要花点时间开会，希望你能支持妈妈的工作，安静地做自己的事情，等妈妈忙完之后，再去陪你玩，好吗？"跟孩子有了平等合理的沟通之后，孩子一定是愿意配合的。

道歉忏悔
修复关系

锦囊 2

实施功效

修复亲子关系，消除父母意识到自己做错事情后对孩子的自责感和愧疚感，助力亲子身心健康。

具体做法

体察孩子的内心需求，反思自己的做法，真诚地向孩子道歉，用心陪伴孩子。

运用要点

面对孩子出现的问题，体察孩子的需要。比如孩子毫无征兆地发烧，第一时间不是焦虑，不是担心，而是启动觉知，体察孩子这次发烧是需要什么？一般来说，如果孩子发烧的时间和家庭环境变化的时间相近，很可能是因为孩子内心的不安，此时孩子需要父母的关注和安抚，但因为各种原因孩子自己无法用言语表达，而是用身体生病的形式来引起父母的注意。因而，孩子这样的发烧，最真实的需要是父母的关注。

面对孩子的需要，及时反思。比如孩子发烧了，父母体察到他需要的是关注，此时应马上反思自己最近的状态：是否因为工作忙碌对孩子的关注少了；还是因为夫妻矛盾，让孩子没有安全感了；或者是因为自己陷入了某些不良情绪中，忽略了孩子的存在，忘记用心陪伴和关爱孩子。及时反思自己的状态，切身地体会孩子内心的烦恼、痛苦和当下的真实需要。

面对孩子，要真诚地为自己的错误道歉、忏悔。如果我们反思发现自己的问题，可以面对孩子，对客观事件如实地陈述，为自己的心念和行为举止带给孩子的影响和伤害真诚地道歉，请求孩子原谅，并向孩子表达"我爱你"。如果无法当面道歉，可以在心里面想着孩子，默默地按上面的内容做。每个人的身体都充满智慧的生命力，父母和子女之间心连着心，真诚地道歉、忏悔可以化解孩子内心的郁结，让身心通畅。

放下工作，全身心陪伴孩子。孩子很容易原谅父母，只要父母积极地解决好自己的情绪问题，调整好工作和生活状态，用心陪伴和照顾孩子，让他有安全感，感受到父母是无条件地爱他，孩子的心理很容易恢复到健康状态。解决好亲子问题后，父母再通过合理的饮食、医学的诊断和服药调理照顾孩子，孩子很快就会康复。

举一反三，善用道歉、忏悔解决孩子的问题。孩子的大部分发烧跟心情有关。同样，厌学、早恋、叛逆、抑郁、自残等问题或现象的根源也与长期的心理压抑有关。如果家长能够遵循以上四个要点去做，孩子的问题并不难解决。

真正理解道歉、忏悔背后的逻辑，把握爱孩子的度。当孩子出现问题时，我们需要为自己的疏忽和错误向孩子道歉，但不可过分地、无原则地对孩子好，也不能以委曲求全、卑微的心态去面对孩子，凡事以中为度、以和为贵。

每日赋能
激活自信

锦囊 3

实施功效

激活孩子的潜能，培养孩子阳光自信的心境。

具体做法

一个微笑，一次赞美，一个拥抱，一句"我爱你"，一次成就。

运用要点

心态准备：内心开放，放松，喜悦，带着祝福的能量。

一个微笑：早起闭上眼睛，感受内心的美好，然后照镜子，对自己微笑，见到孩子后给孩子一个微笑。

一次赞美：每天关注孩子的言行举止，找到孩子在具体事件中的付出、努力和初心，给予真诚的点赞。

一个拥抱：出门上学或放学，或者孩子做得很好时，给孩子一个拥抱。

一句"我爱你"：不管孩子状态如何、成绩如何，只因为我们是孩子的父母，便带着满满的爱去表达"我爱你"。

一次成就：支持或配合孩子完成一件事情，让孩子感受到被支持，体会成就感。

日积月累，成就孩子。当孩子的成长过程中不断地感受到自己被父母支持、鼓励、赞美的时候，他就会很有力量，在他成人之后就会有信心去面对生活、面对困难、突破自己、挑战极限。每日赋能这几个简单的动作，需要父母一天一天地积累，持续激活孩子的自信，为孩子的"心理银行"储存正能量，让亲子关系更亲密。

赋能让亲子关系更亲密

锦囊 4

读懂孩子
因材施教

实施功效

提高亲子沟通效率，助力孩子发挥天赋、扬长带短、身心健康。

具体做法

通过新异心理天赋测试工具，系统了解孩子的能量状态、性格心理、天赋潜能、兴趣爱好以及学习特点等，实施精准的因材施教。

运用要点

明白万物都有自己的特性，每个人也有自己的特点。孩子的生命密码本由他自己书写，宜以尊重的心态看待、接纳孩子的各种生命状态。在接纳的基础上将心比心，给予孩子相应的成长空间。

注意能量强弱的具体体现，因人施爱。孩子的能量强弱各有特征，没有好坏之分。能量弱的孩子，体力、精力往往偏弱，容易感到疲劳，总想休息；能量强的孩子，精力旺盛，需要更多的活动时间和更大的运动空间。家长需尊重孩子自身的状态，给予想休息的孩子休息时间，休息好了才有精力专注于学习和做事；多给予想运动的孩子运动机会，运动够了才能静下来专心于学习和做事。给孩子需要的爱才能让孩子身心健康。

了解孩子的学习特性，因势利导。每个孩子的学习特性是不同的，有的孩子很喜欢学习，一天学到晚都是高兴的，需要提醒这类孩子多运动；有的孩子很喜欢运动，一天到晚在运动场都是开心的，需要在运动竞赛中获得荣誉和自信，然后才能专注于学习；有的孩子很聪明，有经营头脑，但学习动力不足，提到学习就耷拉着脑袋，需要多体验生活中的乐趣，享受无条件的关爱，心情愉悦后可以专注学习；有的孩子好奇心重，很有创新思维，学习时容易走神，专注力不够，对批评指责式教育特别反感，需要更多的理解和玩耍时间，将玩和学结合起来会取得更佳效果。

了解孩子学习状态的变化规律，运筹帷幄。万事万物都在变化中，孩子的学习状态也不是一成不变的，父母通过学习可以掌握孩子学习状态的变化规律，从而做到心中有数、运筹帷幄，淡定从容地陪伴孩子成长，并协助孩子取得理想的成果。

**家庭会议
各施所长**

锦囊 5

实施功效

协调家庭矛盾，改善亲子关系，营造和谐有爱的家庭氛围，培养孩子的团队协作、沟通、处理问题等能力。

具体做法

通过召开家庭会议，及时嘉许各家庭成员的付出，解决家庭关系中的矛盾，做好家务分工，齐心合力策划家庭活动。

运用要点

父母以身作则，带头寻找家庭成员的优点。每个人一定有做得好的方面，在家庭会议中欣赏赞美每个人包括父母自己的优点，就是在传播家庭正能量。良言一句三冬暖，家人的欣赏赞美会让所有家庭成员的生命得到滋养，利于改正缺点和身心健康，乐于为家庭付出爱和行动。优点的具体体现可以是家庭成员做某件事情的初心、某个感人的细节过程、某个好的结果等。

父母以身作则，在家庭矛盾中知错就改。我们都是平凡人，都可能会做错事。在家庭会议中，父母带头勇敢地面对自己做错的事，在全体家庭成员面前把事情的前因后果还原，客观如实地陈述过程，真诚地面对当事人，勇敢地承认自己的过错，为自己的行为给对方带去的不良影响真诚道歉。道歉者要总结自己在这件事情当中学习到的东西和需要提升的方面，同时坦诚自己的内心感受和真实需要，请求对方的谅解。

父母清晰家庭成员的性格特点和长处，在家庭事务分工中以发挥各人长处、体现参与感和价值感为原则。父母根据家务的性质、频次、强度、难度和客观条件等对家庭事务做梳理和分类，把要求和内容列举出来，让家庭成员主动认领，比如说买菜做饭、洗碗、擦桌子、取快递、倒垃圾、清理房间、整理杂物等等。小一点的孩子，可以适当做一些安全简单的家务。定期进行家务完成情况的总结，让家庭成员在相互欣赏赞美中不断地改进提升。父母可以结合新异心理因材施教的理念，使家务的合理分配更加轻而易举。比如，力气大、爱整洁的孩子，享受搞卫生的过程，可以分配他搞卫生整理东西。

父母宏观统筹，带领孩子组织家庭活动。逢周末、节假日、生日和重要的纪念日，都可以通过家庭会议共同策划。比如，奶奶生日，生日当天应该怎么安排呢，由谁负责呢，送什么礼物，由谁来买礼物，谁来送礼物，谁订餐厅，谁点菜，以前这些事情可能都是我们大人一手包办，孩子没有机会参与，现在可以结合因材施教的理念来进行，让每个成员都发挥作用。比如我们在策划的时候，先让孩子们畅所欲言地出主意。大家拿不定主意的时候呢，就让主意多的孩子来拍板，而买花买蛋糕、布置场地就要找细心的孩子。生日当天需要切蛋糕的仪式，活跃气氛等事就安排活泼开朗的孩子来执行。有些时候总有一些不可控的事情发生，需要临危受命，找稳重细心的孩子就对了。当自己家的家庭活动日趋成熟后，可以联合几个家庭一起策划活动，让孩子体验更大的生活舞台。

父母懂孩子，孩子的内心需要很容易被满足。结合新异心理因材施教理念展开的家庭会议，跟别的家庭会议有所不同，它可以让每个家庭成员各展所长，主动参与其中，发挥主人翁精神。孩子的内心需要会在这个过程中不知不觉得到满足，孩子阳光自信的心境和独立人格会逐步形成。

学员内心告白

使用锦囊让孩子变得自信

我一直认为自己的童年是快乐的，但现在回头看，才发现自己是孤独的。为人父母后，我不懂如何陪孩子玩，之前一直找不到原因，听课后才了解到，虽然我的父母很爱我，但他们因为工作忙碌，很少陪我玩，所以现在我也习惯了逃避和孩子玩。因为我自己不知道怎么玩，也看不惯儿子爱玩的天性，甚至批评指责，导致儿子无法展现他的天性和爱玩的特性，所以儿子以前活得比较压抑。"家庭会议　各施所长"这个锦囊，我们偶尔会使用，使用的效果还不错。经过学习，我看到了儿子身上存在的问题大部分是我造成的，我使用了"道歉忏悔　修复关系"这个锦囊，及时改善了亲子关系。通过"读懂孩子　因材施教"这个锦囊，我看到了儿子的优势，看到了他的特性，放下了对他学习上的过高期待，使孩子放下重负，逐步释放天性，我及时赋能，儿子也渐渐地自信起来。现在，我们一家人在一起的时候，话题多了起来。

我看到了孩子有很多优点

因材施教理念非常好，但是要用好并不容易。不过，有一点我学得比较好，那就是赞美和鼓励孩子。我的两个孩子的学习不是很优秀，然而我不纠结，也不焦虑，因为我的两个孩子有很多优点：他们两个非常独立，有礼貌，有爱心，尊老爱幼，和别的孩子相处得很融洽，从来没有发生过矛盾，等等。

爱的传递真的很重要

爱孩子、懂孩子是如此重要，而且必须落实，一分耕耘，一分收获，十分耕耘，十分收获，确确实实是这样的。今晚看到女儿的体育成绩，我下意识地就拿自己孩子的成绩跟别人孩子的做对比，而且很顺口地跟女儿说："怎么考得这么差呢？"我并没有站在女儿的角度去想，她真的尽力了，而我这脱口而出的话，真的伤害到她了。回家路上，我不断地挣扎，到家后我真诚地跟女儿道了歉，抱了抱她，说："孩子，你已经很棒了，妈妈爱你！"道完歉后，我看到她立刻柔软了些，慢慢愿意和我开口说话了，那时候我真的感觉到这就是爱，爱的传递真的很重要，一定要落实才有效果的。

 亲子心理探秘实践

选择一个锦囊进行实践，记录实践过程及相应收获。未婚未育的同学可以选一个锦囊改善和父母的关系。

协助父母改善亲子关系的方法就介绍到这里了。任何好方法都要去应用，在应用中去体会方法的妙处，并持续总结运用过程中的收获和感悟，把知识变成我们自己的智慧。

一分耕耘，一分收获，十分耕耘，十分收获。只有持续落地践行，才能逐步改善亲子关系。如果我们只是学习了、知道了，用两天就不用了甚至完全不用，那么也就达不到相应的效果。任何高楼大厦都不是平地而起的，良好的亲子关系也需要时间来打磨，好比长跑，会有个疲劳期，过了那个疲劳期，后面就会轻松很多。"独学而无友，则孤陋而寡闻"，欢迎参加新异心理咨询机构的公益项目"让爱回家"读书会或"让爱回家"工作坊，和其他家长一起探讨，共同成长。

成长篇

　　父母是孩子的"原件"，父母的状态直接影响孩子的状态。父母如何知道自己现在的状态对孩子的未来是否有益呢？如果知道自己的现状对孩子的成长不利，该如何自我成长呢？

　　本篇聚焦父母自我成长的话题，从成长境界、婚姻模式、伴侣和孩子的位序关系、夫妻身心和谐状态、性对孩子的影响、恋父恋母情结的形成根源以及活出自己等方面进行探讨，帮助我们梳理日常生活中最容易被忽视但对孩子的影响深远的因素，以便正本清源，助力孩子轻松学习、优良品行、完善人格。

　　本篇包含7个方面的内容，我们将用7天时间来学习。

第 15 天
父母成长的三层境界

我国优秀传统文化蕴含着极其丰富的心理学实践方法，其精髓部分全部跟人的成长和心理活动有关，我用"知""修""行"三个字来概述父母成长的三层境界，以方便我们理解和学以致用。

"知""修""行"三层境界与父母的成长有什么关系，对孩子的心理有什么影响呢？

扫码观看本节视频课程

　　我们每个人都知道很多道理，也习惯于把学到的道理用来套在别人身上，评判别人的所作所为，指导别人改变，却很少或者完全没有聚焦到自己身上，指导自己成长、蜕变。这种现象是父母自我成长中最大的一个问题。很多家庭矛盾的起因就是源于这个现象，当父母在指导孩子的时候，孩子心里不以为然，甚至直接说："你说得轻巧，你要求我做，你自己做到了吗？你们天天玩手机，却要求我少看手机。你们从来不看书，却天天要我学习。你们遇到一点事就吵架、摔东西，却指责我爱发脾气……"咨询师在咨询过程中，也会收到很多来访者的反馈："你说的这些我都知道，但我就是做不到。"是的，我们知道很多道理，但就是做不到。这就是我们学了很多却依然改善不了亲子关系的原因。知道却做不到，等于不知道，自然是没有效果的。从成长的境界来说，这个知道却做不到的"知"是最初级最浅显的一个层面，仅仅是大脑知道而已。

　　那么，更深一点的"知"是什么呢？简单来说，就是我们发自内心地明白和认识问题的根源所在，比如孩子的问题，我们能清楚地知道跟自己有关。就这一点，很多父母是不相信的，或者不敢承认，这就是某种意义上的"无知"。如果问题出现时，我们首先看到的是自己，能发自内心地反思自己哪个地方出了问题，哪个地方做错了，这就是"真知"。如果我们还知道"要回到因（问题的根源）上去解决问题，果（问题的外在呈现）的变化就会很快"这个规律，这个"知"的层次就更深了！能做到这种"知"的父母是很了不起的。

··

　　3年前，我接到这样一位来访者，她学习了很多年家庭教育、传统文化的课程，但跟丈夫的关系总是处理不好，甚至越闹越僵，找到我的时候是她和丈夫大吵一架离家出走的状态。她说："我已经忍了他快10年，不想再忍了，不想再为了两个孩子勉强在一起。"她还说："我已经很努力学习了，但还是改变不了他，孩子们的状态也不好，一个离家远远的不想回家，一个休学在家，我实在是没有信心了。"从她的描述里可以看到，她懂很多东西，也很努力，但日子越过越糟糕。原因是什么呢？就在于她试图拿学到的知识改变丈夫，导致丈夫在她这里感受不到妻子的温柔和体贴，有的只是要求和不满，丈夫不胜其烦，连家都不想回。我说："你是我的来访者，我首先关注的是你是否开心。我们先找到自己不开心的原因，好吗？"通过3次潜意识情景对话，她看到了自己不开心的原因都跟自己童年的经历有关，也深深地理解了丈夫和孩子们的感受。她说："今天我看到自己的付出毫无底线，自己很累，表面上是对家人好，实际上让家人倍感压力，使他们在家庭中没有存在感和价值感，还背负一份沉重的愧疚感，他们只想逃离，不愿面对我，自然不会认同和感恩我的付出。家庭问题是我的问题，不是他们的错，是我不会爱，不懂表达爱。这次吵架的事情都是小事，真正的大事是我跟丈夫的交流早就出问题了。"

　　随着咨询的深入，这位来访者的"知"也由表及里，逐渐变得深入。她在第四次咨询后总结说："我发现自己小时候对妈妈有许多不满意的地方，比如急性子、情绪化，实际上我和妈妈是一样的，我的孩子们也不喜欢我的急性子和情绪化，真的是你越抗拒什么特质就越容易养成什么特质。我看到了孩子们对我的担心，也看到了自己的自责，我对不起孩子们。我明白了，

如果妈妈活得不快乐，孩子们也不可能拥有真正的快乐，如果妈妈不活明白，孩子们也不会有清晰的人生方向。"

通过来访者的分享，我们可以看到这个"知"字不是简单地"我知道"，而是我们明白问题的根源，明白解决问题的思路以及问题解决之后会呈现什么样的结果。如何做到更深层次的"知"呢？这就需要我们学习潜意识，突破负面潜意识对我们的操控。

家庭教育的过程是父母和孩子的一场修行。当我们知道问题的根源和解决思路以后，就得在"修"字上下功夫。那到底如何"修"呢？父母一味地以成绩来要求孩子，拼命地把孩子往高处拔的做法不是"修"，因为孩子爬得越高，当变量出现的时候就越容易出大问题。那些竭尽全力考上名校，半年内就出现严重问题不得不休学的孩子就属于这种情况。父母不懂"修"的含义，恰恰是造成孩子心理问题的原因之一。

真正的"修"有着这样的含义：父母随着孩子的年龄增长持续不断地更新认知、思想观念，让自己的认知和思想观念随着时代变化及孩子的成长而变化。如果父母能够轻松地认识孩子成长的各种状态、特性、心理、学习方向以及人际交往中可能出现的各种各样的问题，就能做到心中有数、因材施教。孩子的成长是一个动态变化的过程，父母在因材施教的过程中要不断看到自己的盲区，看到孩子的成长，不断完善方式方法，这就是"修"对于父母教育孩子的真实含义。

那位决心要和丈夫离婚的来访者通过咨询看到了自己的很多盲区，知道要成长自己，便跟随我们一起系统地学习。她越学习越发现自己过往有许多错误认知和行为。她感叹说："真的是不学不知道，一学吓一跳。我10年前和丈夫吵架，决心要离开他。但为了养大孩子们，给自己定下了一个期限，等孩子们读大学之后就离开他。没想到我的这种想法给后来的家庭生活制造了很多的麻烦和痛苦，我今天终于看明白了，我才是问题的根源啊！"对于孩子们的状态，她也有了系统的认知，比如，大孩子为什么会选择远离家庭的学校，为什么会逼着自己学习不喜欢的专业，为什么会出现社交恐惧的情况，等等。对养育孩子的认知更新让她自然放下了对孩子成人成材的焦虑，修正了自己的心理心态。思想观念的改变也让她看到了孩子的优势，懂得给孩子创造机会发挥优势、提升自信。据她反馈，她那有严重社交恐惧的大孩子，20岁了还总是待在房间不出门，连线上交朋友都不愿意。但随着她持续不断地学习，她看懂了孩子的天赋，调整了对待孩子的看法和做法，孩子后来变成了社交达人，在各类聚会活动中变成了耀眼的存在。

有了"知"和"修"，如果不行动，一切的努力都将归零。在父母的成长过程中，把已经知道的不利于孩子成长的做法和想法改正，把已经认识到的有利于孩子成长的理念融入家庭生活中的过程就叫"力行"，简称"行"。这是父母成长最为关键的一环，是父母成长的第三层境界。这一层境界比较难达到，因为我们往往会把耐心和包容留给外人，把坏脾气留给自己的家人，知错也不改。我们还会习惯性地用学到或领悟到的知识来要求伴侣和孩子，或者将其作为衡量他们的标准，加剧家庭矛盾和亲子冲突。因此，不论我们学了多少、领悟到多少，如果光嘴上说说而不行动，就是心口不一、知行不一，对家庭建设和孩子的成长毫无益处。

"行"，就是把知道的和不断领悟到的用到实际生活中，通俗地讲就是落地。新异心理倡导的"行"是指父母的内心要真实有爱，能知行合一，把爱心用到自己的家里面，能够跟家人和睦相处。这就要求我们在孩子面前不要口是心非，不要为了解决问题而讲一些违心的话，嘴上允许孩子自我发展，心里却在期盼孩子朝自己想的方向走。比如，我们为了不和青春期的孩子因为玩游戏而起剧烈冲突，通常会说："你先玩一会吧，玩好了再学习。"但是，看到孩子真的在玩游戏，我们心里又气又急，气孩子不认真学

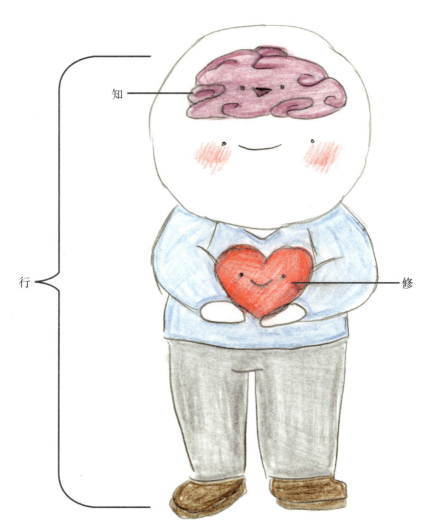

父母成长的三层境界

习，急着想改掉孩子玩游戏的毛病，内心既期盼孩子快点结束游戏、开始学习，又压根儿不相信孩子玩好了会主动学习，在孩子玩了一两个小时后，终于忍不住向孩子发火。

真正的"行"需要我们改变自己固有的思想观念，比如允许孩子做一件事就要做到发自内心的允许，从言语举止到内心都是允许的，没有丝毫的纠结。嘴上允许心里在纠结就不是允许，而是自欺欺人。有些父母知道自己错了给孩子道歉，但孩子不接受，甚至会出言嘲讽，原因就在于父母给孩子道歉只停留在表面的言语上，心里并没有歉意，而且想的是自己道歉了孩子就能如老师所说的那样发生改变。那种"不说出心里的想法孩子就不知道"的思想观念得改改了，因为孩子是父母的镜子，是天生的心理大师，他们很容易就能感知到父母内心的想法，他们相信的是自己的真实感受，而不是父母表面上的没有诚意的言语。

值得注意的是，在学习成长的初期，我们常常会犯这样一个错误，即自己有一点成长就以为学了很多，在家里狂妄自大、自以为是，总想让伴侣和孩子学习改变，这种状态会招致家人的反感，引发更多矛盾。俗语云："活到老，学到老。"在我们不同的成长阶段，"知""修""行"也有不同的状态，自我成长，永无止境。我们只有体验到不断自我成长的过程和状态，才能有信心、有能量为孩子提供有价值的成长辅导。

亲子教育过程中有效的做法不是说教和讲道理，而是践行自己学习成长的真实经历和感悟。这就是身教重于言教。因为身教的过程就是"知""修""行"的过程，实实在在做出来的事情比嘴巴说出来的事情更深入人心，更有感染力，更能够激发孩子的效仿意愿。

要特别提出来的是，"知""修""行"三层境界不是一下子就能够达到的。也就是说，我们短期内达不到是正常的，无须妄自菲薄。难行能行，在家庭生活及亲子相处过程中，聚焦自己的成长，从自己做起，不断更新认知和思想观念，在力行中体会自我成长的过程，并在这些过程中检验知道的东西是不是有效。有效的继续去做，无效的进行修正，如此循环往复，才能不断超越自我的局限性，为孩子的成长提供更肥沃的土壤和更广阔的空间。

自我成长，做一个合格的家长

回想自己以前一遇到问题，就习惯于责怪别人。当我看到儿子没写作业的时候，不问原因就一顿指责，没有考虑过他会不会写。总是只站在家长的角度去看待孩子，一味要求他成绩好，早睡早起，有些自己都做不到，却要求孩子做到。在学到一些道理和知识后，我最先想到的也是要求孩子、老公改变，没有想过改变自己，以后要改过来，聚焦自己，把学到的东西先自己实践，只有自己改变了，外面的一切才会改变，学了要好好用起来，真正做到"知""修""行"合一。以前就是学得太多，做得太少了；以后要行动起来，聚焦自己，自我成长，做一个合格的家长。

我知道问题的根源在我

以前我总是不停地要求孩子学习，希望他一下子就把知识掌握好，以成年人的标准要求他。但是对其他事则不做要求，什么事我都帮他做，怕他浪费学习的时间。我对学生却可以很宽容，包容学生的缺点和不足。昨天晚上儿子说我总是不停地给他加码，让他觉得很烦。这几天我不断地挖掘儿子的优点，给他点赞。在同事面前我也主动表扬他。通过一段时间的学习，我知道问题的根源在自己，我需要成长、改变。我要接纳孩子，认可他，而不是去改变他。孩子就是父母的天使，他是很爱父母的。只不过我们总是把孩子从身边推出去。现在我把自己的心放宽，一生气我就看住自己的怒气。我要好好地把"知""修""行"落实到位。我相信只要坚持学习，一定可以改善亲子关系。

我放松了，孩子也放松了

我女儿今年上七年级了，两周前的一天晚上，她放学回到家，无精打采地进了房间，关门看平板电脑，不吃晚饭。我们跟她说话，她也只是很烦躁地回应。接下来的几天，她对学习提不起精神，我思考其中的原因，似乎她自己也不太明白为什么会这样。在不断和她谈话的过程中，我分析应该是生物实验会考的原因，刚好实验课那几天她生病请假了，她很焦虑，压力很大，怕考不好！与此同时，我也反省自己，嘴上总说让她放松、相信她，但我并没有全然放下。我不断反思自己到底在害怕、担心什么。当我试着把担心和恐惧心全然放下的时候，不再去唠叨她，只管给她赋能，内心坚信她一定会做好。女儿明显放松了很多，一些不敢跟我说的话也大胆跟我表达。看我白天那么忙，在我忙完了听课"打卡"后，很贴心地跟我说"妈妈辛苦"！睡前还交代我明天别起太早帮她准备早餐，她吃面包就行！孩子天生是天使，就看我们要怎么去守护住天使！

 亲子心理探秘实践

回顾自己过去遇到问题时的处理方式，结合本节内容，想一想如何自我成长。

第 16 天
打破不幸婚姻复制的魔咒

　　父母的婚姻关系和谐，可以为孩子将来的婚姻传递爱的能量，这是父母送给孩子最幸福的人生礼物。如果父母的婚姻关系不和谐，也会直接影响子女的婚姻观，甚至还会影响子子孙孙的婚姻状态。

扫码观看本节视频课程

俗话说，种瓜得瓜，种豆得豆。对应到养育孩子方面，就是有什么样的父母就会有什么样的孩子。在亲子成长辅导过程中，我们发现这样一个规律：孩子是父母的镜子或"复印件"，这种现象不仅仅出现在两代人身上，一家三代甚至是好几代的养育模式都呈现出无条件复制现象。而在各种各样的复制现象中，有一个本质的东西，那就是家庭能量的传递和复制。通俗来讲，家庭能量的传递和复制指的是父母的相处状态在孕育及养育孩子的过程中对孩子身心的影响。若父母的相处过程充满正能量，则孩子的身心得到的是正能量的滋养，为人处事会呈现正面积极的状态；若父母的相处过程负能量较多，则孩子的身心得到的正能量滋养不足，为人处事常常呈现消极、退缩的状态。可以说，孩子的状态直接受到父母相处状态的影响，具体到婚姻情感方面也不例外。

我在咨询实践中也发现，大多数来访者的婚姻都在复制着父母的婚姻模式，或者受到父母婚姻模式的影响。正面的复制体现为：在孩子的成长过程中，父母是恩爱的，自然就把爱的能量传递给孩子，并能始终鼓励孩子成长，理解孩子的内心需要。结果，孩子阳光自信，内心充满爱，长大后懂得付出爱，在婚姻中懂得把爱给予另一半，使自己的小家变得和谐有爱，充满正能量。这样的家庭氛围又滋养着他们的下一代，让自己的孩子对婚姻充满信心，长大后自然喜悦地走入婚姻的殿堂，构建另一个和谐有爱的家庭。好家风就是这样一代代往下传递。

::

　　我有个特别优秀的同事，她性格开朗，很有包容心，走到哪里都很受欢迎，大家发自内心地为她绽放的生命状态点赞，也想成为她那样的人。她的父母已经70多岁了，还是一如既往地恩爱。她小时候的印象就是父母互相关爱，互相成就，从来没有争吵过。父母对她和弟弟非常疼爱，支持他们做自己想做的事业，永远做他们的后盾。父母的爱成就了她心理能量饱满、阳光绽放的生命状态。她结婚后，带着纯粹的爱为家庭付出，支持丈夫的工作，让一家老小快乐地生活在一起。后来婚姻发生变故，她也是用爱解决问题，没有任何争吵，主动离开，成全丈夫，并在孩子的养育问题上和丈夫保持正面的沟通，让孩子感觉到父爱依然在身边。因为她成就了别人，她的人生变得更加精彩，孩子也没有因为父母的分开而出现异常问题，跟妈妈一样绽放阳光，在情感问题上也能像妈妈一样坦然和付出，能进能退，心态中正平和。

　　这就是家庭正能量的传递和复制，外祖父母的恩爱和互相成就给妈妈的内心留下了爱的种子，并随着年龄的增长而生根发芽、开花结果，即便遇到婚姻上的挫折，也能快速走出来，迎接更喜悦的人生，妈妈身边的孩子在生活中自然感受到爱的滋养，健康快乐地长大，步入自己精彩的人生。

　　幸福的婚姻都是相似的，而不幸的婚姻却各有各的不幸。从亲子心理的角度来说，不幸婚姻模式的传递和复制存在两方面的影响：一是消极影响，即孩子看到父母的婚姻不幸福，暗暗告诫自己"一个人就好，以后我不要结婚"，从而导致晚婚、不结婚或结婚后容易吵架离婚的状态；二是积极影响，即孩子看到父母的婚姻不幸福，暗暗发誓"我的婚姻一定不能像他们这样"，结果，婚后为了维护自己心目中美好的婚姻状态，也出现晚婚、不结婚或结婚后容易离婚的状态。

有这样一位已经做了外祖母的老人家，她不断地向自己的女儿抱怨丈夫如何不好，并且把负面情绪不断发泄到女儿身上，总是挑剔女儿。内心无比痛苦的女儿发誓，将来长大成人结婚后，绝对不这样对待自己的丈夫和孩子。但事实上，她步入婚姻的殿堂后，竟发现自己对丈夫处处挑剔，觉得他这也不行那也不行，对女儿也是成天挑剔和批评指责，婚姻模式和亲子教育模式跟她妈妈一模一样。

为什么怀揣美好的愿望却会出现事与愿违的结果呢？心理学研究表明：你关注什么就会成为什么。女儿小时候关注到母亲的状态不对，自己发誓要避免。于是，在自己的婚姻中，她关注到的都是可能出现的问题，越关注这些问题，问题就越会被放大，为了避免出现母亲那样的状态，她对丈夫充满挑剔和唠叨，最终不知不觉活成母亲的样子。

那么，对于有积极想法的人而言，有没有办法打破不幸婚姻的复制魔咒或消除不良影响呢？答案是肯定的。对于孩子来说，避免出现父母不幸婚姻状态的想法是正面积极的，但如果常常为了避免出现问题而挑剔或压抑隐忍，这样的做法则是无效的，不仅实现不了自己心目中美好的愿望，还会复制父母的婚姻模式。有效的方式是在家庭中带着觉知生活，每当负面情绪出现时，用觉知四部曲进行情绪管理，待到心境平和后，再用心琢磨如何向家人表达爱，如何在生活中更好地爱伴侣和孩子。用爱的方式和家人相处，就相当于直接切断了负面家庭能量的传递路径，复制不幸婚姻的魔咒自动打破。由此可见，美好的愿望还要有恰当的方法才能心想事成。

对于受到消极影响的人来说，结婚并不容易。好不容易结了婚，但一旦两个人之间出现不愉快，就会吵架、冷战、想离婚，孩子不可避免地受到影响。如果想打破不幸婚姻复制的魔咒，为孩子将来的婚姻传递爱的能量，就更需要加强学习，掌握觉知四部曲，持续不断地进行有效的情绪管理，让爱回归到家庭生活的方方面面。

目前，很多青年男女不愿谈恋爱，更不想结婚，有些人是想谈恋爱但又不敢走入一段感情，有些是愿意谈恋爱但一提到结婚就打退堂鼓，岁月蹉跎就成了"结婚困难户"。而一些未成年的孩子却早早地开始谈恋爱，有些孩子还会因为恋爱中的争吵及分分合合出现心理甚至危及生命的问题。无论是成年人的不恋爱、难结婚，还是未成年人的早恋，都跟他们父母婚姻不幸福有密切关系。

我曾接待过一个因失恋而想自杀的大一男生，在咨询过程中发现他的亲生父母离异了，他和父亲及继母生活在一起。他对父亲充满了怨恨，这种怨恨让他在恋爱中无法保持正常的交流，女方因此提出分手。而他无法接受分手的事实，想自杀。我的咨询让他看到和女朋友交往中自己的交流方式确实有问题，也看到自己是个独立的个体。于是，他放弃了自杀的想法，但他对父亲的怨恨始终无法释怀，也不想进一步学习成长。而他的父亲始终认为是孩子有问题，只想通过咨询让孩子改变，自己则拒绝学习。遇到这样的情况，心理咨询师也是爱莫能助。解铃还须系铃人，若父亲能理解孩子的痛苦，弥补他缺失的爱，这个男生的状态可以调整得更好。

对于这些已经出现情感、婚姻问题的成年孩子，单纯从孩子或父母方面入手解决问题都难以奏效，必须对父母（或任何一方）和孩子同时进行咨询辅导和成长赋能。实践证明，父母双方或一方和孩子同时学习成长，一般三个月后就可以看到明显的改变，半年就可以修复孩子的婚恋观。但有些成年人根本不认为自己需要改变，他们觉得孩子的思想有问题，需要改变的是孩子。这就需要父母更加积极主动地学习成长，自己的婚姻改变了复制父母的负面模式，才能将正能量传递给孩子。同时，父母还需要有更多的时间和耐心让孩子体会到自己的真实改变，点燃孩子改变现状的愿望。一旦孩子愿意通过学习自我成长，改变速度同样会很快。

为孩子未来的婚姻传递爱的能量

　　早恋现象的根本原因是孩子爱的缺失，父母强行阻止只会让局面更加失控。从父母方面入手是捷径，父母通过学习，体会到什么是爱，并能在生活中关爱孩子，就可以助力孩子妥善解决情感问题的困扰。

....

　　在办国学书院的时候，我招了一名师范专业的女生。7年来，我见证了她在情感方面的心路历程，今年看着她带着满满的幸福感走入婚姻的殿堂。当年，她来到我书院上班后，我们自然而然地聊起了情感话题。她说："我面对异性的好很紧张，不知道该怎么应对，也不敢想结婚的事。"从她的话语中，我发现她对异性的情感表达不知所措，对婚姻也心怀恐惧，这种情况肯定跟她小时候的家庭氛围和她父母的婚姻状态是密切相关的。她是我书院的老师，我希望她不仅能把孩子带好，还希望她能找到自己的幸福。于是，我建议她跟着我们一起学习成长，在学习中认清自己的状态，一点点学以致用，在实践中找回爱的感觉和爱人的能力。

　　爱学习的她一路跟随我们学习，慢慢地，她发现自己根本不知道爱是什么，很不喜欢自己，内心深处觉得自己不配得到别人的好，这一切都跟她从小没有得到父母的关爱有关。为什么她没有得到父母的关爱呢？因为她的父亲常年在外，母亲没有得到父亲足够的关爱。母亲是个心态不够阳光的人，独自一人养育孩子，只知道拼命干活，却从来不懂怎么向孩子表达爱。心的沙漠、爱的荒原就是她内心状态的写照。当她内心的紧张恐惧能量得到清理时，爱的潜能就得到激活，整个人也变得阳光自信，她开始给父母反向赋能，邀请父母来学习，助力父母体会爱的感觉。我很清楚地记得，当时他们一家五口来到新异心理的课堂，父亲站在讲台上真诚地向妻子和儿女道歉，一家人热泪盈眶，紧紧拥抱在一起。随着正能量的不断扬升，她很自然地开启了甜蜜的恋爱之旅，并最终修成正果，带着喜悦的心情走入婚姻殿堂。

　　父母良好的婚姻关系是整个家庭和谐与平衡的支点，也是好家风能够代代传承的起点。如果父母的婚姻关系不好，就会影响子孙后代。因此，为了孩子的问题和伴侣争吵，是得不偿失的行为，这不仅会伤害夫妻感情，还会给孩子传递不幸的婚姻模式。有家长说："唉，孩子还小，他的人生我可管不了。"朱柏庐《治家格言》中说："宜未雨而绸缪，毋临渴而掘井。"这句话同样适用于我们规划孩子的幸福婚姻。我们都希望子女成年后成家立业，过上幸福的生活。但美好的愿望同样需要恰当的方式方法才有可能实现，所以从当下开始经营好自己的婚姻，便是在给孩子将来的幸福生活播撒爱的种子。

　　如果我们忍不住和伴侣生气吵架，找对方的碴，可以立刻利用觉知，回顾一下自己的童年，看看自己是否复制了父母的婚姻模式。如果发现自己的婚姻状态跟父母的婚姻状态类似，就可以肯定自己是不自觉地受到了影响。此时，我们应聚焦内心的情绪，用觉知四部曲解决情绪问题，可以避免吵架。如果实在控制不了情绪和伴侣吵架，甚至想离婚，说明父母的婚姻给我们带来了重大影响，这种影响大到难以自行解决，这时候不用灰心丧气，也不要怨恨父母，可以寻求专业心理咨询师的帮助，采用潜意识情景对话疗愈童年时父母带来的各种情绪问题，帮助我们找到爱的开关，学会用爱解决婚姻中的冲突。

我心安了孩子就安心

我和老公的相处模式复制了我父母的，我曾经对老公的评判、指责、嫌弃等，现在回想和我母亲的状态一模一样。如果没有学习，这些也会被孩子复制到他未来的婚姻中。想到影响孩子未来的这个根本可以通过我现在的改变而改变，我就很开心，我带着觉知和老公相处，将他放在我的心上。他能感受到我的真爱和陪伴，也向我回馈他的爱，我真切感受到老公的爱后，也不再委屈，不再向他索取。每次负面情绪来了，我就带着觉知，使冲突在无形中自然化解。我心安了，家也就安了，我们的孩子也就安心了，一家人其乐融融，充满了欢歌笑语。

我家的家风不错，但还要不断完善

回想我父母的婚姻模式，是很和谐的。他们很少争吵，妈妈的性格比较内向，做事比较慢，但是很认真、很刻苦，从不计较。她孝敬老人，跟奶奶关系好，跟叔叔、姑姑的关系也不错。爸爸很开朗，喜欢跟别人聊天，为人很善良，很愿意帮助他人。爸妈是经由媒婆介绍认识的，妈妈文化水平较高，她看重爸爸为人老实、善良。家里的事两个人都是有商有量，做事一条心。妈妈平时以爸爸为主，很尊重爸爸的选择。在我的印象中，他们都是努力干活养活这个家，很关心我们的学习，但对我和弟弟的心理需求很少关注。我感觉到爸妈很好很善良，但是缺乏一点温馨的画面。总的来说，我的童年还是过得挺不错的。现在想想，在父母的影响下，我的择偶标准跟妈妈很相似，也是选择为人善良、老实、开朗及学历没我高的老公。我的婆婆对我也很好，像待女儿一样待我，这个跟我奶奶对我妈妈是一样的。我对老公的感觉也有点像妈妈对爸爸。我觉得我们的家风还是不错的，但是还要不断完善，要给自己点赞，让家里充满正能量。

父母长期不和谐对我造成了影响

从小到大，父母的相处模式就是妈妈成天抱怨爸爸。爸爸是一名建筑工程师，每天在工地上没日没夜地工作，家里的家务什么也不干，也很少管我和弟弟。爸爸只喜欢看书，没有其他嗜好，不健谈，也不爱说话，整个人看起来特别严肃。爸爸忙于工作，妈妈每天忙于农活跟家务，两人几乎不交流。因为爸爸无法顾家，所以妈妈就有很多抱怨，她把所有的怨气都发泄在我身上，说她怎么辛苦把我跟弟弟养大……我结婚后对老公也是各种抱怨、指责，经常吵架，觉得他什么都不好，脾气也暴躁。我感到很委屈、很不幸福，觉得自己怎么找了个这样的老公，非常讨厌自己。我和老公在孩子教育问题上更是不一致。通过学习，我看到了父母长期不和谐对我造成的影响，知道要提升自己、改变自己，改善夫妻关系才是根本。我现在开始学习欣赏和鼓励我的老公和两个孩子，不把负面情绪传递给他们，让孩子感受到满满的幸福、满满的爱以及充满阳光的家庭氛围。

 亲子心理探秘实践

请回忆一下你父母的婚姻模式，分析这种模式对你的婚姻及家庭生活的影响。

第 17 天

平衡孩子和伴侣的关系

　　有了孩子忽略了伴侣，把心思全部放在孩子身上，这是很多妈妈容易出现的问题。在家庭关系中，把孩子放在第一位容易导致对孩子的过度宠溺，进而导致家风不正、夫妻貌合神离、孩子性格扭曲等严重后果。摆正孩子和伴侣的位序，是父母的必修功课。

　　伴侣和孩子的位序跟孩子的心理问题，到底有什么关系呢？

扫码观看本节视频课程

　　孩子是夫妻爱的结晶，但很多夫妻在有了孩子后关系会变得冷淡疏离，甚至出现婚变。究其原因，几乎都是把孩子放在第一位，伴侣放在第二位，导致夫妻之间情感交流不畅、矛盾重重。

　　我曾和很多妈妈交流过，她们说孩子出生后，怕孩子吵闹让丈夫睡眠不好，影响白天上班，就体贴地建议丈夫分开睡，丈夫没多想，也就同意了。因为自己休产假，休养的同时全力照顾孩子，慢慢地就形成了习惯，有了孩子忘了关注丈夫，对丈夫的关注也较少回应，好像变了一个人。丈夫虽然是个成年人，当了爸爸得有责任感，但他其实是需要被妻子关注的，如果丈夫的需求得不到妻子的回应，或长期得不到妻子的关注，他就会心生怨气，不由自主地找碴。而被找碴的妻子照顾孩子本来就很辛苦，听到丈夫的不满和抱怨就会觉得他太不理解自己，对丈夫的生气发火会觉得不可理喻，感觉他变了，没有以前体贴，内心不可避免地会伤心难过，不想搭理他，言语中也不复以往的柔情。

　　有的家庭是丈夫嫌孩子吵闹影响睡眠，主动要求分房睡。于是，照顾孩子就成了妻子一个人的事。妻子在照顾孩子的过程中又累又困，想起隔壁房间的男人却正安稳地睡觉，怨气油然而生，要么借机找碴表达不满，要么生闷气满脸的不开心，丈夫觉得女人生了孩子怎么变成这样了呢，还是少惹为妙，慢慢变得不敢和妻子交流。

因为夫妻每天从早到晚各忙各的，打照面的时间就会很少，如果双方都没有主动交流的意愿和行动，两人内心的隔阂和表面的矛盾就会愈演愈烈，冲突常常一触即发。妻子的产后抑郁，丈夫在这个时期的出轨，都是很容易发生的。

作为新生儿，当父母的心理充斥着负面思想和负能量，家里没有欢声笑语时，他也会觉得很痛苦，内心没有安全感，会呈现出爱哭爱闹的状态。长大一点后，他可能会过度地吮吸手指，有的手指都破皮了还要吮吸；再长大一点后就啃指甲，啃得手指出血的都有。还有尿床现象，有的孩子七八岁甚至十几岁还尿床。如果伴侣之间的相处状态总是为了孩子而改变，遇到交流障碍也不积极解决，时间一长，亲子双方的身心都会出现问题。

在经营国学书院的时候，有个家长心情很郁闷地来找我，说她的大孩子性格有点不对劲，她自己很想来我们书院做事，一起学习成长，但她的丈夫不许她来。我问："那你丈夫希望你怎么做呢？"她说："他希望我就待在家里，不要出来做事。"我说："那也很好啊，他养着你们，你把家里收拾好，时不时来参加我们的活动就可以啦。"她说："不行啊，他也没有给我们生活费，我还是要挣点钱补贴家用的。"这就蹊跷了，不让妻子出来做事，又不给生活费，这是不大合常理的。我没有为了让这个家长心里好受点而谴责她丈夫的行为，而是关注到那个异常行为背后的心理特点。于是，我直截了当地问她："你们俩晚上睡在同一张床上吗？"她说："自从生孩子后就和他分床睡，我带着孩子睡，孩子大了也如此，习惯了。"我说："你的意思是你们分床睡已经持续了十几年？"她说是的。我说："问题的症结就在这，你有了孩子就把他给撇开了，白天各自忙活，晚上又不睡同一张床，属于你们二人的亲密交流时间太少了，他心里肯定很憋屈，但又不知道怎么跟你说，只好找你的碴。这么多年，你注意到了这个问题吗？"她回答道："我的主要精力都花在孩子身上，还真没有主动关注过他，除非他来找我。你这么一说我就明白了，他以前经常找我的碴，对我百般挑剔，有一段时间我实在受不了想离婚，考虑到两个孩子就没敢离，但我心里真的憋屈，憋得我身体都出了问题，调理了好长一段时间。这么多年，他一直不喜欢我出去做事，我现在明白是怎么回事了。"

貌合神离的婚姻模式不仅伤害夫妻感情，对孩子的伤害也很大，会影响孩子未来的婚姻观，孩子的人生会变得很艰难。当夫妻感情出现巨大裂痕不知如何修补时，有的人就想："为了孩子我忍你，等孩子高考后就离婚。"但夫妻双方往往没有思考过裂痕是怎么产生的，裂痕背后的原因是什么，都以为是自己看错了人，或者是对方嫌弃自己了。其实，我们当初既没有看错人，对方的心可能也没有变，真正的原因是我们无意中搞错了伴侣和孩子的位置。

这位家长明白问题出现的原因后，开始积极学习成长，希望通过自己的改变修复和丈夫的关系，进而让孩子的性格得到调整。然而，冰冻三尺非一日之寒，十几年的分房睡和无休止的限制与对抗，要修复起来是需要时间的。好在这位家长很明事理，知道自己要什么。她没有纠结自己受到多少委屈和伤害，而是在认清问题的症结后，下定决心改变现状，在咨询师的帮助下持续地清理过往积压的负面情绪，认识和改变让她意识到不关注丈夫的潜意识因素，持续地在家落地践行把夫妻关系摆在第一位的原则。功夫不负有心人，一年后，她和丈夫的关系变得比较融洽，偶尔出现的一些冲突都能用积极的心态进行化解，孩子的状态也跟着好转。三年后，家庭问题已经不复存在，她也开始系统学习亲子心理咨询技术，目前已经成为一名优秀的潜意识情景对话咨询师，帮助很多妈妈绽放出生命光芒，找到开启好家风的钥匙。

　　在多年的亲子心理咨询实战过程中，我发现很多孩子的问题是因为父母分床睡间接催生出来的。把孩子放在第一位、忽略伴侣是很多妈妈容易踩的"坑"。而在教育孩子的问题上，夫妻双方都有可能把孩子放在第一位，将伴侣放在第二位，因孩子的养育问题争吵不断，还可能会毫无顾忌地在亲友面前吵架，或冷战，或正式分居，导致家庭氛围越来越差。无论是哪种情况，夫妻双方都可能会产生一种"孩子是我唯一的希望"的寄托心理。这种心理不仅严重影响夫妻感情，而且让孩子处于不知道听谁的纠结状态，久而久之便出现心理问题。

　　父母一方把孩子放在第一位，伴侣放在第二位，一味地把心思放在孩子身上，指望着孩子成龙成凤，为孩子的学习做好各种规划，并鞍前马后地做好伴学工作，这会给孩子带来巨大的心理压力。能量强的孩子会反感，不听安排，叛逆；能量弱的孩子为了父母不吵架，只能压抑自己，顺从安排，学业成绩或才艺成果或许不错，但心情必定是沉闷的，当自己有能力的时候就会毫不犹豫地选择远离父母。相比承受的成材压力而言，父母一方对孩子过分的宠溺则会导致更严重的后果。父母一方将孩子放在第一位，将伴侣当透明人，全身心宠溺孩子，时间一长，孩子的性格将会发生扭曲，不仅不懂感恩，还会动不动就对宠溺他的那一方发脾气，要求得不到满足时还可能会出现打骂行为。同时，他认为宠溺他的那个人独属于他一人，对另一方会出现排斥行为、反感甚至阻止父母在一起。"妈宝男"、恋父情结、恋母情结等就是这样形成的。

　　毫不夸张地说，孩子第一、伴侣第二的相处模式不仅会伤害伴侣，也会伤害自己和孩子。根据潜意识形成和作用的原理，我们可以清晰地预见孩子未来的人生都将会非常的艰难。

　　那么，为什么要将伴侣放在第一位呢？我们从中华传统文化的角度来探讨，有"中国古代百科全书"之称的《幼学琼林》夫妇篇中说："孤阴则不生，独阳则不长，故天地配以阴阳；男以女为室，女以男为家，故人生偶以夫妇。阴阳和而后雨泽降，夫妇和而后家道成。"大意是，天地自然中的规律向我们昭示，在自然界，阴阳二气相和才能风调雨顺，对人而言，我们与天地自然是不可分割的，生活同样受到阴阳运行规律的影响。男为阳，为夫，女为阴，为妇，夫妇和即阴阳调和，家里才能风调雨顺，才可能孕育出人格健全的孩子，从而将符合天地之道的家道传承下去。

正所谓少年夫妻老来伴，我们可以看到，在各种人际关系里面，夫妻关系是最亲密的，维持的时间也最长。从结婚到终老，一直能陪伴我们的始终是自己的另一半。而孩子终究会长大，会建立他自己的家庭，过他自己的人生。古人说："爱出者爱反。"把夫妻关系放在第一位，给予伴侣关注和爱，可以说是一种爱的投资。如果我们婚后一直把伴侣放在自己心上，投入了足够的关爱，伴侣也将回报更多的关爱给我们。我的心理学导师李新异，他的父母都已经90多岁高龄，仍然互相关爱，快乐地生活在一起，这是名副其实的白头偕老呀。

从孩子的成长角度来说，没有谁比孩子更希望父母恩爱、和谐。也就是说，把伴侣放在第一位、孩子放在第二位是符合孩子需求的。如果父母一方把孩子放在第一位，他将无所适从，心无处安放，成长过程中问题不断。父母若真爱孩子，最佳方式是先爱伴侣，给孩子一个温馨有爱的家。记得有一次，我们夫妻和15岁的儿子一起去散步，儿子说："妈妈，你们两个怎么这么好呀，感觉我是多余的，就像网上流传的'父母恩爱，我是意外'。"我听了哈哈大笑，觉得这句话很好玩儿。我问他："你觉得爸爸妈妈这个状态好吗？"他回答说挺好的。可见，孩子确确实实是希望爸爸妈妈恩爱的。我在诸多问题中学习成长，不断学以致用，才真正体会到把伴侣放在第一位的妙处。

将伴侣放在第一位还有一个很重要的原因，因为夫妻之间并没有血缘关系，一旦缺少身心交流，内心就会产生隔阂，情感会逐渐变得淡漠，最终渐行渐远。夫妻的身心交流是家庭幸福的保证，良好的夫妻感情也需要用心经营，只有把伴侣放在第一位，才能在家庭生活中理顺伴侣和孩子的各种事情。

伴侣第一，孩子第二

　　夫妻的身心交流如何实现呢？主要是心的交流，在生活中和伴侣有语言的交流，如轻松地谈笑；有情感的表达，如过生日，过节日送礼物；有爱好的分享，如向伴侣展示自己的爱好成果；有志向的互相支持和鼓励，如力所能及地为伴侣的志向提供支持；在日常生活的细节中，两个人互相照顾，分工合作做家务；还有身体交流，包含拥抱、牵手、亲吻以及性爱；等等。夫妻之间有了身心的交流，家庭氛围就不会是一潭死水，而是充满着爱的能量。即便有了孩子，夫妻之间也要有属于彼此的时间和空间，没有条件的要创造条件，保证身心的顺畅交流。孩子在这样的家庭里面感受到的是生活的乐趣，将来的生活也很容易体会到幸福。给孩子一对幸福的父母，才是对孩子最实在的爱。

　　夫妻和孩子的位序出错，是常见的问题，这往往是在无意识中造成的。如果错位已经发生，无须愧疚，只需要深入理解错位发生的原因和过程，想清楚自己究竟要不要给孩子一对恩爱的父母，如果希望孩子在幸福中长大，有个幸福的人生，那就要及时止损，用心经营好夫妻关系。心理能量足够强的可以马上行动，改变颠倒的模式，积极修复受损的夫妻关系，让孩子感受到父母的恩爱、和谐；如果无法自行修复夫妻关系，请找专业的心理咨询师进行深入的咨询，疗愈身心，当身心得到疗愈后，就可以顺利地修复夫妻关系。

　　如果已经离婚了，可以回顾一下过去的婚姻生活，梳理总结一下为什么会走到离婚这一步。俗话说，在哪里跌倒，就在哪里爬起来。我们只有从问题当中吸取教训，改变错误的模式，才能有新的开始，才能最大限度地降低离婚对孩子的不良影响。

　　祝福大家在看待另一半时，眼中有光，心中有爱，不论结婚多少年，都能每天感受到甜蜜幸福，实现白头偕老的初衷。

位序搞错，老公大变样

我的父母经常吵架，妈妈以我为重，把爸爸当透明人。这导致我有了孩子后也全身心地养育孩子，忽略老公的感受和需求，老公因此挑剔、指责、抱怨、发火，让家庭氛围不和谐。尤其在养育第一个孩子的时候，我把所有的心思都放在她身上，每天累得筋疲力尽，完全顾不上老公。时间长了，他不仅和我生气，还经常挑女儿的毛病，甚至借故吓唬孩子。那时候，我真的不明白这是为什么，本来很爱我们的男人怎么会变成这样子，原来是因为自己学了妈妈的样子，把家庭成员位序搞错了。如果我不做出改变，这种模式也极有可能会传承给下一代。所以，我现在必须努力修复夫妻关系，让自己幸福，也给老公快乐，让孩子有样学样，开启他们美好的人生。

终于明白夫妻经常吵架的原因

生了老大后，我真的一直是把孩子放第一位，每天除了孩子就是自己。我还一直认为自己这个妈妈做得称职，给了孩子足够的爱，老公是个成年人，自己照顾自己是理所当然的事。生完女儿后，我和女儿一直住在娘家，女儿两岁多时我带着女儿回到广州上班，一周回家一次，过起了周末夫妻的生活。几年后意外有了老二，之后继续一边工作一边带两个孩子，这样的生活持续了七八年。在没有进入新异心理咨询机构学习前，我们夫妻生活不和谐，经常吵架，我从没想过是自己的问题，一直还抱怨先生不努力工作，不会挣钱养家。

原来我也需要爱

夫妻第一，孩子第二，我也深知这个道理，但在现实生活中，无意识地出现位序错误。我也没有想到这个错误对孩子的成长会有那么大的影响。

在养育孩子的过程中，我们夫妻无形中都把孩子放在了第一位，一切都是为了孩子。我以前总是想，孩子是维系夫妻关系很重要的因素，所以总希望孩子很优秀，每天除了工作和睡觉，其他时间都是陪伴孩子。由于很少过两人世界，我的内心缺乏爱，很压抑，很想得到关心，但没有时间跟老公倾诉，所以很容易把负面情绪发泄在孩子身上。在生二胎后，我总是让老公陪大儿子睡觉，导致他跟我亲近的时间更少了。幸亏老公是爱这个家的，目前还没有导致夫妻关系不和谐。听完这书课后，我决心改变这种状态，关注自己的感受，表达自己对爱的需求。每天进步一点，加油！我觉得我会越来越幸福的。

♥ 亲子心理探秘实践

请看看自己有没有因为过于关注孩子而忽略了照顾另一半的感受和需求，如果有请结合本课内容写下调整措施。

第18天

和谐夫妻的身心状态

　　夫妻身心不合一的状态会导致婚姻问题重重，同时也会给孩子带来严重的心理危机。故经营夫妻关系的目标不是不吵架，也不是鸡汤式的恭维和关爱，而是让夫妻关系达到身心合一、水乳交融的状态。

扫码观看本节视频课程

夫妻身心合一，不仅能让双方的内心愉悦、身体健康，家庭氛围祥和，还能成为孩子"爱商"的源头活水。

个体生命的身心合一有利于促进夫妻身心合一。我曾经看到这样一段话："最理想的夫妻关系莫过于夫妻双方都有独立的人格，同时又能欣赏对方，关爱对方，成就对方。"我很认同这段话，因为只有具备独立人格的人才能在夫妻关系中有能量给出纯粹的、无条件的爱，这样的爱没有羁绊，不会给对方压力，自己轻松，对方也轻松。那么，在家庭生活中，独立人格有什么特点呢？我总结了三个特点，即在精神上不依赖于伴侣，在生活上不依附于物质条件，在幸福生活的追求中有创造性的想法和行动。在亲子成长辅导的过程中，我发现身心逐步趋于合一的来访者具备这三个特点。我在自己的成长过程中也深刻地体会到了这些。身心合一意味着踏实心安，心境平和，自我认同感强，做人做事不计较得失，越来越有智慧，圆融地处理好家庭各项事务。若夫妻两人的身心都趋于合一，则很容易实现夫妻整体的身心合一。两个人在家庭生活中能同频共振，成为家庭的共同体。

如果夫妻双方有一方的身心是不合一的，这对另一半将是极大的妨碍。很多夫妻矛盾的产生并不是因为什么大事，可能只是跟某一方或双方身心不和有关。身心不和最典型的表现就是生理与心理的不合一，即心里想的是一套，做出来的是另外一套。比如，我们在原生家庭中没有得到或很少得到父母的关注和爱的表达，内心就会缺少爱的能量。缺爱的人常常心是口非，内心明明想要伴侣的关爱，但嘴上却说不稀罕，宁愿压抑内心的需求，也不肯向对方说出来。有个词叫"眼瞎心盲"，可以用来形容缺爱的人，因为缺爱的人即便得到了伴侣的关爱，其内心也是感受不到的，且不懂得回应，甚至视而不见，还总是抱怨或指责伴侣对自己不够好。给出关爱的伴侣并不知道对方是缺爱的状态，只是感觉到自己的付出被漠视或错怪，一开始可以包容，时间长了心也就冷了，就不愿意再付出。如此这般，夫妻之间无法顺畅地沟通交流，既没有心与心的情感交流，也没有高品质的身体层面的交流。这样的两个人，要么一言不合就吵架，成了仇人；要么相敬如"冰"，形同陌路，最终两个人都处于身心不和的状态。如果两个人本身都是很缺爱的，矛盾可能会更多。

　　"流水不腐，户枢不蠹"是指流动的水不会腐臭，经常转动的门轴不会被虫蛀。对应到家庭生活，即夫妻若身心不和，相互之间的能量流动是阻滞的，家庭氛围就好比那不流动的水，时间长了所有家庭成员都会心情沉闷压抑，身体也不轻松，生活没有喜悦感、幸福感。孩子身处其中，能量弱的总是处于害怕父母离婚的恐惧中，能量强的则希望父母能改变现状或离婚。父母因为身心不和，面对孩子时都容易吐苦水或发脾气，不知不觉中把孩子当情绪的垃圾桶，导致孩子不仅要承受家庭氛围带来的压抑感，还要面对父母的坏脾气。孩子心里的苦，有几对父母能懂呢？

　　东东1岁半前，我还能平衡好丈夫和孩子的关系，一起养育孩子，相处得也很融洽。当我转行做非常喜欢的幼儿国学教育后，便一心扑在工作上，每个周六都去做公益活动，有时候出差一个星期，最长的两个月，回到家累得很，只想休息。我们和公婆同住，他们帮忙带孩子做家务，家里大事小事我一概没管，连带着把丈夫也冷落了。我们少了很多交流的时间，累的时候也排斥身体上的交流。直到看到了李新异老师自编的《心理学实战案例集》，我才幡然醒悟。那段时间，儿子一周三四次毫无预兆地流鼻血，中西医都看不好，从老师的剖析中，我感悟到，儿子这个情况很可能是我们夫妻不良的身心交流状态的外在呈现。为了解决孩子的问题，也为了验证我的猜测，我带着内疚和心疼与丈夫进行了一次坦诚交流。结果如我所料，他的身心都已经压抑很久了，但他什么都没有跟我说，而我竟然也没有关注到这一点。他说："我已经不知道要怎么和你沟通了。"我当即向他道歉，并表示要改正过来。

丈夫的身心状态很不错，一旦我开始关注他，他很快就恢复了以往的状态。儿子流鼻血的问题也在我们谈话的第二周就自动消失了，一直没有复发。这让我更加真实地体会到亲子心理之间千丝万缕的联系。同时，我也感受到不是父母要变得多么完美才能解决孩子的问题，而是只要我们的心向彼此敞开，愿意正面去解决问题，孩子的状态就会发生改变。

可以说，孩子的问题从来不是独立于家庭和父母而存在的，如果夫妻的身心长期不合一，孩子很可能会有严重的身体或心理问题。回看那段时间东东的照片，我发现他的发育的确不太好，脸色蜡黄，身体瘦弱，眼神里写着恐惧……有的孩子的身体则可能会出现久治不愈的皮肤或呼吸道等问题，如全身湿疹、咳嗽、哮喘、鼻炎、流鼻血等。孩子的心理同样会受到重大影响，会变得容易紧张、内向、爱哭、易怒、不爱学习、学习专注力差等。

内心世界和现实生活环境不匹配也是个人身心不和的体现，如在农村长大的人在城市环境里生活，或反过来，从小在城市环境里长大的人去农村生活；婚前一个人，结婚后和伴侣一起生活；女性结婚后和公婆在一起生活；夫妻二人世界和有了孩子之后的生活；等等。这些情形都可能会产生内心的不适应和行为上的妥协，如果长期违心地妥协，身心都可能会出现问题。

父母的心向彼此敞开，孩子就能感受到爱

　　婆媳问题是导致夫妻身心不合一状态的一个重要原因，很多女性因为现实原因不得不和公婆生活在一起，但又无法忍受公婆的生活行为习惯，如公婆之间的吵架和公婆对自己的唠叨或挑剔，导致内心压抑，在家里不想和他们交流，出门不想回家，连带着对丈夫也有满肚子的怨气。有些丈夫理解妻子的感受，懂得在婆媳之间进行正面周旋，一家人在一起大体上相安无事。但有些丈夫不仅无法理解妻子的处境和内心感受，反而特别反感妻子对自己父母的态度，且不正面协调，导致夫妻二人内心产生无法修复的裂痕，虽然睡在同一张床上，但在心理上都是很压抑的，两颗心无法靠在一起。这种情况导致的压抑更具破坏性，当夫妻双方压抑严重时，可能连看孩子都很不顺眼，不想管孩子，甚至可能会打孩子。孩子完全感受不到家庭的温暖，也感受不到父母对自己的关爱，不仅不想学习，还想离开家独自生活。

　　长期处于身心不合一的状态，夫妻双方可能会将问题归到对方身上，认为离婚就能改变现状，于是便无数次想离婚，尤其是在有冲突的时候，"离婚"二字更是脱口而出。有的夫妻在吵架后决定离婚，问孩子跟谁，孩子遇到这种选择题时会很纠结、很痛苦。

....

　　有个来访者在一次咨询总结中写道："当看自己的心时，发现它是一颗悬于半空的、冰冷带霜的、深紫色模型般的心，我想用四肢去温暖它，四肢却被冻得冰凉。我看到五年级时爸妈闹离婚，爸爸问我：'爸妈离婚，你们跟谁？'那一刻，我心想：'我谁也不跟，我跟我自己。'从此心门紧闭，独立自强。"这个来访者的心在爸爸问她的那一刻就封闭了，与爱绝缘了。从此，她的性格变得冷漠，婚后完全不懂和丈夫展开爱的互动，不仅感受不到丈夫对她的关爱，还不停抱怨他不理解自己，后来她也和丈夫无数次吵架、闹离婚，导致孩子被爸爸打，最终患上了严重的社交恐惧症。我在帮助她的过程中没有陷入孩子和他们夫妻间的问题，而是直接帮助她整合身心，激活她内心深处沉睡的爱，当她真实地感受到内心的温暖和爱的能量时，自然就"看到"之前的自己对丈夫是冷漠的、没有温情的，这时候的她才知道自己是真的错怪丈夫了，决心好好调整自己，修复夫妻关系。

　　在因夫妻身心不和导致的各种冲突中，有些孩子会选择站队，他们通常会怨恨父母中看起来强势的一方，同情弱势的一方，将来可能会恐婚或不婚。我自己就是属于这种情况。

　　小时候父母吵架，我自然地选择了站队，同情弱势的母亲，怨恨总是找碴的父亲。结果，我跟父亲的关系一度很不亲近，连带着让我在自己的夫妻关系上，也不自觉地看不惯丈夫的某些状态。当我的身心状态越来越合一的时候，看他也就越来越顺眼。这说明不是他不好，而是我有问题。在结婚前，我也发现自己有轻微的恐婚情绪。我毕业那年已经26岁，年龄也不小了，去到丈夫所在的城市，不到三个月他便提出想和我结婚。这原本是一桩美事，我们异地恋两年多，终于能在一起了。但我突然有点害怕，心里没底。我瞬间给自己找了个理由："我刚毕业，还没独自在社会上打拼多久呢，再让我玩会儿"。一年后，我才在他的催促下去领证了。

　　有的夫妻双方身心不和，最终真的以离婚收场。但他们为了保护孩子不受伤害，什么也没有跟孩子说，让孩子在某个契机下突然知道父母已经离婚，在心理上瞬间失去了跟父母在一起的生活期待。这种名义上为了保护孩子的做法，实际带给孩子的伤害是巨大的。有的孩子在知道父母离婚的那一刻，心就封闭了，从此不再信任这个世界。

　　夫妻双方的身心交流若出现长期且严重的障碍，孩子的身体和内心状态也会出现问题，吃药打针、单纯给孩子做心理咨询都难以见效。因为父母是孩子出现问题的源头，源头的问题不解决，下游的问题自然无法消除。大量家庭的实践证明，父母的身心交流障碍一旦解除，孩子的问题很快会发生改变。这是为什么呢？因为父母的身心交流通畅后，就能立刻意识到孩子的问题确实跟自己有关，并能够感同身受地理解孩子内心的痛苦，明白孩子异常的言行举止并非他的本性，而是内心的痛苦使然。父母理解了孩子的状态，不仅撕下了孩子有问题的标签，不再急着要求孩子改变，还会聚焦自己的身心进行调整，疏通和伴侣之间身心交流的障碍，学会爱伴侣、爱孩子。任何能量都有个特性，即同频产生共振，家庭能量也同样如此，孩子的问题因家庭负能量而产生，也能因家庭正能量而解除。

如果我们已经意识到因自己和伴侣的身心不和导致孩子出现问题，可以为孩子勇敢地改变自己。具体如何做呢？很简单，就是勇敢地跨越一切心理上的困难去认识自己、提升自己，运用觉知四部曲处理内心一切对伴侣和生活环境的不良情绪，切忌一味纠结伴侣的问题而拒绝提升自己。就算不为了孩子，我们也要为爱自己而改变，因为认识自己、改变自己首先能令自己的身心合一，感受到爱的滋养和人生的乐趣。也就是说，我们的改变不是为了别人，而是为了自己。我们自己的身心合一，才有可能跟伴侣身心相和。如果感觉困难实在是太大，建议积极寻找专业的帮助，因为造成自己或夫妻身心不和往往是负面潜意识的影响。既然是负面潜意识在作怪，就难以用表面的方法来解决。有条件的可以进行潜意识情景对话咨询，直接从根源上解决问题。

总之，夫妻身心不和的根源，首先是我们自己的身心不和，而我们自己的身心不和，又跟我们父母的婚姻状态有关。如果希望孩子有健全的人格、良好的心态以及主动学习的动力，那么，不管我们在夫妻关系中遇到了什么困难，都要首先疗愈自己，自己好了，整个世界就好了。

自己内心安定，夫妻交流才能畅通

没生孩子前，我们夫妻俩都忙于自己的工作，生活还是愉悦的。生了孩子后，我的心思都放在孩子身上，一切以孩子为主，跟老公之间变得越来越陌生，就像搭伙过日子一样，他不关心我，我也不关心他，在一起除了挑剔、指责就是相互看不惯。在孩子的教育问题上，我们的观念也不一致，两人经常为孩子的教育问题争吵，虽然知道这样会影响孩子的心理，但很多时候还是不愿意面对。在新异心理咨询机构学习后，我意识到这些行为对孩子的伤害，也在努力修复与老公的关系，内心安定了，夫妻能量才能保持畅通，也能给孩子营造一个好的氛围，让孩子快乐健康成长。

不断学习，为自己点赞

曾经，我与老公处在身心不和的状态，我想让他跟我的同事或者同学一起玩，他不愿意参与，说不认识他们，没什么好说的。我想让他来接我，他说打车更便宜。我还埋怨他赚不了钱，有点看不起他。所以，我们经常争吵。但我自认为比较传统，为了孩子我不断努力调整自己，改变不了他，我就改变自己。在新异心理咨询机构学习后，我明白了两人争吵的主要原因，是我们复制了父母的婚姻模式，当然还有很多其他因素，但是我们都不知道。我们要学会反思自己，"行有不得者皆反求诸己"。夫妻之间没有对错，只是我们没有学习，不知道问题形成的根源。比如今天，老公喝酒了，只能我来开车，一路上老公不停地说我，不会认路，还开不稳，我婆婆都看不惯了。换成以前我会反驳："又不是我想开车的，是因为你喝酒，我才开车的。"但是今天我忍住了，我笑着回答他："我比较笨，你是老司机，我的老师，你多指导一下呗。"我的心很安静，因为这段时间我在不停"打卡"学习。

我们夫妻吵架对孩子造成了很大的影响

知道了夫妻身心不和会对孩子造成极大的负面影响后，我也反思到自己在情感关系中是身心不合一的。与前夫婚前，我觉得前夫聪明、有担当、有能力、有爱心，但婚后感觉双方很多时候不在同一频道上，有时说不到几句就会发生争论或争吵。我觉得前夫好辩、自私，不包容、不关心、不爱护我，甚至指责我，发现前夫对婚姻的不忠诚行为之后，更觉得前夫很"渣"，夫妻间少有心与心的情感交流，也很少有身体层面的交流，夫妻俩就像住在同一屋檐下的陌生人，一有矛盾或者冲突就会想离婚。这些都给孩子带来了严重的影响。有一次，孩子以身体不舒服为由跟学校请假。请假后，我觉得孩子的精神状态很好，因此提出送孩子上学，但孩子说这个时间点保安不让进校，我说我可以与老师沟通，与保安沟通，孩子说我一定会和保安吵架，我说你看我什么时候与人吵过架？孩子说我和她爸爸经常吵架……不管吵架的事情真相如何，夫妻的吵架对孩子已造成了很大的影响。我鼓励孩子多与她父亲联系和沟通时，孩子说爸爸不好，老爱跟妈妈吵架，还说爸爸每次跟她说爱她时，她都感觉很假……天啊，夫妻身心不合一的状态，已给孩子带来了严重的影响。通过学习，我看到了这个问题，现在进行修正，犹未迟也！

 亲子心理探秘实践

请评估一下自己在夫妻情感关系中是否有身心不合一的情况，这对孩子造成了哪些不利影响。

第 19 天
警惕性对孩子的伤害

性侵犯似乎离我们很遥远，但一旦发生在孩子身上，其不良影响会持续一生。亲子心理咨询实践表明，孩子遭遇任何程度的性侵犯都会对其生理和心理产生巨大的伤害。对于性侵犯对孩子的影响，我们一定要早预防、早发现、早解决。

性侵犯与孩子的心理问题，到底有什么关系呢？家长该如何预防呢？

扫码观看本节视频课程

　　什么是性侵犯？性侵犯包含性行为以及含有性意味的爱抚、猥亵。更广泛地说，性侵犯还包含语言和肢体的性骚扰和性诱导。未成年人遭遇的性侵犯，熟人作案比例一直较高，监护人或者孩子自己甚至没有意识到性侵犯的发生。监护人常常忽略孩子的求救信号，更极端的还有监护人自己实施性侵犯的事例。但不管孩子有没有意识到性侵犯的发生，都会影响孩子的性心理以及未来的成长。

　　两年前，我和其他两位咨询师跟随李新异老师去一所学校开展"关爱生命　让爱回家"系列公益讲座。有个一对一公益咨询环节，我给4名孩子分别做了半小时的咨询，其中一名女孩被心理医生诊断患有抑郁症。女孩读七年级，她和妈妈一起来到我所在的咨询室。她穿着可爱的裙装，头上戴着动物耳朵发箍，长得很精致，看起来是一名性格外放的孩子，但她脸上却没有任何表情，很僵硬。我问她："你是和妈妈一起跟老师交流吗？"她说："不，我要单独和老师说。"把她妈妈请出去后，我们开始交流。孩子很大方地说起了自己的情况，说她得了抑郁症，已经好多天没有睡觉了。我问：发生了什么事？她说家里父母吵架，同学孤立她，接着说被性侵了。她说出这四个字的时候，内心明显是有羞耻感的。可见，她知道被性侵是属于隐私方面的问题，并且接受了"被性侵是不好的"这种观念。她说班里同学摸她的屁股，让她感觉羞耻。我仔细询问了细节，发现她是被男同学摸了一下屁股。真正困扰她的问题是她给自己贴上了"被性侵"的标签，认为自己脏了，陷入这种情绪里无法自拔。我告诉她："你同学这种行为不属于性侵犯，是性骚扰。"她一开始不大敢相信，在我再次肯定地告诉她后，她舒了一口气："吓死我了，还以为是性侵。"我又跟她说："以后同学们再这样做甚至做得更过分，你可以严厉地警告他们停止这种行为，并且去告诉老师或者报警。"半小时的咨询后，她打开了心结，脸上有了笑容。

　　由于网络信息的透明化，孩子们很容易获取相关资讯，但缺少判断力，可能会将某些类似行为误以为是性侵而陷入心理困境，只要及时给予恰当的处理，就能帮助孩子恢复到正常状态。但真正的性侵会给孩子的一生带来不良影响。李新异老师在咨询研究与实践中发现：任何程度的性侵犯都会对被侵犯者的生理和心理产生巨大的伤害，那种快感与罪恶感的交织会产生严重的后果。被侵害者可能会在情感以及性方面产生极度的自我封闭，也有可能会放纵自己成为一个滥交的人。当女性在主观上意识到自己被异性侵犯后，基本上会对男性产生极度的厌恶和畏惧，并对男性持不信任和抗拒的状态，还会产生性冷淡的后果。被侵害者在婚姻道路上也会面临巨大的难题，在婚恋的过程中，痛苦可能会随着亲密关系的发展不时地涌现，成为巨大的心理障碍，更严重的是被侵犯者可能会误入歧途。

　　有个来访者因总是忍不住批评指责自己的孩子而来咨询，随着咨询的深入，她终于说出埋藏心底几十年的心事。她小时候被邻居诱导，多次遭遇邻居有性行为的性侵，她觉得自己不完美了，但又因为害怕被批评而不敢跟妈妈说，内心的自卑感在成年后依然存在。同时，当时的她也是有快感的，这种记忆也一直留在她的潜意识里，导致在后来的夫妻生活中一直在寻找这种感觉，因为心不在当下，自然得不到想要的，便总是在心里嫌弃丈夫。夫妻的身心无法相和，脾气都很大，家庭能量堵塞，孩子们成了受害者。可以说，性侵不单影响孩子的一生，还会影响孩子的后代。

性侵对孩子的生理和心理影响都很大，故预防性侵是非常必要的。无论我们养育的是男孩还是女孩，都一定要告诉孩子，"背心、短裤覆盖的部位不可以随便让人触碰和抚摸。如果遇到有人非要这样做，要及时告诉家长"。父母也要注意孩子与长辈甚至平辈是否有过度的身体接触。作为成年人，我们也要明白与孩子身体接触的界限，正常的拉手、拥抱、摸头、亲一下小脸蛋是没有问题的。

如果发现亲朋好友对自己的孩子有过度的身体接触，可以视情况进行干预。如果情况比较频繁或比较严重，一定要给予严厉警告，甚至走法律程序。这种时候，不要因为是亲朋好友就不好意思，因为性侵会影响孩子的性心理以及未来的成长，一定要保护好孩子。

值得注意的是，一些我们认为是正常的行为，也有可能会对孩子产生影响，比如孩子6岁之后还和父母一起睡，有的甚至到了初高中都跟父母睡在一起或者睡一间房，这都可能会给孩子造成难以修复的性心理问题。这些问题很隐蔽，但对孩子的人生影响是巨大的。

....

曾看到这样一个真实案例：一位妈妈被儿子的怪异行为折磨得痛苦不堪。她很爱儿子，无论在生活上还是学习上，都要给儿子最好的。为了照顾好儿子，她和丈夫分房睡，一直和儿子睡在一间房，不知不觉中，儿子对妈妈的照顾形成了依赖。初中时，妈妈要他单独睡，儿子死活不同意，毫无办法的妈妈只得妥协。当孩子满18岁了还要和妈妈睡一个房间时，妈妈实在是忍无可忍，不再理会他。结果，儿子在家里大吵大闹。父亲生气地教训了儿子，儿子则生气地和父亲打架。妈妈为了息事宁人，只得妥协，睡在儿子房间的地板上。

　　我们都知道这种情况是不正常的，但这种现象的的确确在一些家庭里存在着。据了解，10 多岁还和妈妈睡的男孩并不少，这些男孩的心理或多或少已经有些扭曲。恰当的做法是，孩子到了上幼儿园的年龄，父母就要教会孩子自己上厕所，到了上小学的年龄，就要教会他独自洗澡、独自睡觉。在心理上，不管孩子的年龄有多大，他都是我们的孩子，但在生理上，孩子的身体发育随着年龄的增长而发生变化，我们不能再把身体逐渐长大的孩子当小宝宝看待，不能随便抚摸孩子的身体，尤其是敏感部位。

　　性早熟也是目前比较普遍存在的问题。我在开国学书院的时候，就遇到过四五岁的孩子呈现出性早熟的情况。例如，女孩子趴在床上长时间扭动屁股，满头大汗，男孩子有意识地玩自己的生殖器。遇到这些现象，家长可能不大懂识别，也不知道孩子为什么会有这些表现。李新异老师告诉我们，孩子这些状况全部跟大人的思想观念和行为举止有关。我们往往觉得孩子小、不懂事，在日常生活中无所顾忌地跟孩子的身体发生接触。事实上，人的身体是有欲望导向的，哪怕只是个还没到青春期的孩子，在过度的身体接触过程中也会产生快感。孩子一旦对这种感觉产生依恋，就会自行去寻找，从而引起性早熟。

　　人的身体对过于亲密的举动也会产生自然的生理反应，大人一些无意识的举动可能会让孩子产生性的萌动，出现"施者无心，受者有意"的情况。比如在日常生活中，男性长辈让女孩子坐在自己的大腿上，女性长辈让男孩子接触到自己的胸部，等等。这是我们要特别留意的。当孩子的性意识被提前激活，他就会开始探索自己的身体以获取快感，导致性激素的分泌超越他当下年龄段的正常水平，造成性早熟的情况。

警惕性对孩子的伤害

　　性早熟的后果是普通家长难以应对的。当孩子的性意识被激活，就有可能产生自慰行为，在性成熟之前的自慰行为带来的问题更多，会导致孩子精神疲惫，记忆力差，学习注意力不集中，身体发育状态不好等一系列问题。现在很多男孩子年纪轻轻就弯腰驼背，白天没精神，晚上难以入睡，无法专注学习，可能跟过度自慰的行为有关。因此，父母得有意识地预防孩子的性早熟。从触觉、视觉、听觉方面入手，一言一行都需要注意。在触觉方面，避免孩子跟长辈有过度的身体接触；在视觉及听觉方面，父母在夫妻生活时一定要避开孩子，不要让孩子听到任何声音、看到任何画面。在亲子心理咨询实践过程中，来访者因为和父母睡在一间房，听到或看到父母夫妻生活的场景而导致性心理出现问题的现象是非常普遍的。

　　性对孩子的影响远不止这些，因为孩子的性观念以及性意识还未完全成熟，以下情形都是可能发生的。

　　如果孩子与异性长辈之间存在过度的身体接触，并且沉溺于这种身体接触的感觉当中，他长大后自然会产生亲人角色与伴侣角色的错位，即带有恋父或者恋母情结，在恋爱与婚姻中要的不是伴侣，而是父亲或母亲般的感觉。如果孩子受到来自同性长辈过度的身体接触，很有可能会造成性别认同障碍。如果孩子小时候遭受同性的性侵犯，也可能会导致他产生性别认同障碍，甚至会开始厌恶自己的性别，尝试去掩盖自己的性别特征。

　　总之，性对孩子的影响巨大，身为孩子的父母或监护人一定要留心这一点，早预防，早发现，早解决。如果发现孩子有性早熟之类的问题，切勿气急败坏地责骂或吓唬孩子，一定要到专业的机构进行咨询，我们的处理方式关系到孩子一生的幸福。

避免性对孩子造成伤害的具体做法

警惕性对孩子的伤害，性侵包括性行为以及含有性意味的爱抚和猥亵等。孩子被性侵多是熟人作案。教育孩子不能随便让人抚摸背心、短裤覆盖的地方；成年人必须明晰与孩子身体接触的界线，正常的拉手、拥抱、摸头、亲一下小脸蛋是可以的；一旦发现孩子的长辈或平辈有过度的身体接触，可视情况处理，给予严厉警告甚至诉诸法律等；父母在孩子面前要衣着得体，尤其父亲在女儿面前、母亲在儿子面前不能穿得太暴露；夫妻行为必须避开孩子，不要让孩子听到任何声音、看到任何画面；长辈不要在孩子面前看成人电影、谈论性爱等孩子不宜接触的事情；要在合适的时机与孩子分床睡觉，最迟在小学低年段完成；父母要注重培养孩子的独立能力，教会孩子独自洗澡、上厕所、睡觉等基本生活能力，保留孩子私密空间；父母要留心孩子的一言一行，发现问题及时处理。

终于明白孩子性早熟的原因

我对"性早熟"这个词并不陌生，但不知道和孩子不分房睡会导致这种现象。这节课确实解决了我的疑问，现在我明确知道了我孩子性早熟的原因致的。我当时懵懵懂懂，没有处理好这个问题，妄图以斥责、恐吓的方式纠正孩子的行为，导致孩子焦虑不安。我要继续学习这方面的知识才行。

❤ **亲子心理探秘实践**

请结合本节内容，写出我们如何在家庭生活中避免孩子的性意识过早萌发。

第 20 天
预防畸形的恋父恋母情结

弗洛伊德认为，恋父或恋母情结是个人人格发展的一个重要因素，但如果孩子有畸形的恋父或恋母情结，她/他长大后的择偶观会在极大程度上被这个情结所主导，在未来的婚姻生活中，也会将对父亲或母亲的依恋投射到自己的伴侣身上，容易产生夫妻矛盾，影响孩子的身心健康。带着以终为始的观念来养育孩子，摆正自己、伴侣和孩子的位序，即可轻松避免这类问题。

畸形的恋父或恋母情结跟孩子的心理问题，究竟有什么关系呢？父母该如何避免这种情况的发生？

扫码观看本节视频课程

孩子是水，父母是源，任何一个孩子都会对父亲或母亲产生不同程度的依恋，择偶观也会受到父母的婚姻模式及身心状态的影响，在婚姻生活中的心理心态也会呈现与父母相处时的影子，这些都是正常的。恋父或恋母情结是儿童心理发展的重要阶段，是促使个体从幼小的自我进化到成熟个体的一大心理动力。具体来讲，恋父恋母情结指幼儿对异性父母的依恋、亲近，而对同性父母的嫉妒和仇恨等复合情绪。

那么，什么是畸形的恋父或恋母情结？这是一种病态心理现象，指的是孩子在成长过程中，对异性父母产生过度的依恋，厌恶、排斥同性父母，而且这些依恋、厌恶、排斥的心理随着孩子的成长长期存在并对其择偶和婚姻产生较大的负面影响。

有着畸形的恋母情结的孩子的母亲通常非常强势，带着为家里所有人好的出发点照顾整个家庭，甚至是家族所有人。她不但管着丈夫的事，还管着孩子的事。在养育儿子的过程中，母亲包揽一切事务，长期替儿子做决定。久而久之，儿子就习惯了衣来伸手饭来张口，遇到事情找妈妈，不愿意跟爸爸在一起，也不听爸爸的教导。儿子成年后会害怕自己做决策，做什么事情都要问妈妈的意见，看妈妈的脸色，在心理上逃不出妈妈的手掌心。这样的男孩在婚恋中也表现出未成年的状态，不明事理，没有担当，很难扮演好丈夫和父亲的角色，又称"妈宝男"。

　　有畸形的恋母情结的男孩到了恋爱的年龄后，会照着妈妈的感觉去找对象，也就是喜欢积极主动、强势的女孩。结婚后，强势的妈妈看不惯同样强势的儿媳妇，担心自己的儿子受欺负，便忍不住介入儿子的婚姻生活。儿媳妇本来就看不惯丈夫凡事要问婆婆的意见，所以一旦婆婆介入自己小家庭的生活，就会和婆婆对着干，拼命争取生活的自主权。婆婆和媳妇之间的战争就成了家庭生活中的主旋律。

　　我曾和这类男性的妻子交流过，她们都觉得婆婆不可理喻，把已经成为别人丈夫的儿子还当孩子看，她们会感觉丈夫很没用，不像个男人，靠不住。而夹在母亲和妻子中间的男人是什么感受呢？他有一种矛盾心理，一方面他内心被母亲长期的管控所压抑，看到妻子跟母亲斗，心里有一种报复的爽快感。另一方面，婆媳长期争斗，或明着吵，或冷战互不说话，导致家庭氛围一直不和谐，他会烦躁，想改变但无能为力，内心会有很深的无力感，也会埋怨自己没用，最终选择麻痹自己，完全不管家里的事，身心都可能出现问题。如同小孩子用生病来唤醒父母的关注一样，"妈宝男"也可能会用生病的形式来结束家里婆媳的争吵。

　　由于母亲的过分强势，男孩从小到大都没有自己的成长空间，结婚后依然没有自己的空间。强势的母亲本意是想把家搞好，想对儿子好的。只是她不知道对家人的操心并不是爱，而是在以爱的名义束缚他们。

　　比如，一个女人觉得丈夫不如她能干，就把家里的事都干了，丈夫在家无事可干，只好玩自己的。她看到丈夫无所事事，又会带着一身的功劳唠叨丈夫。然后，丈夫的能量状态越来越差，根本就不想要这个婚姻，甚至越来越不想活了。她不想儿子吃苦，就什么事都为儿子代劳，提前为儿子做好各种规划，为儿子规避各种可能发生的问题。儿子在这个不断被代劳和摆布的过程中失去独立思考的能力，失去解决实际问题的勇气，失去培养动手能力的机会，能量状态也会越来越弱，最后成为废人。

在一个家庭中，母亲强势，父亲和儿子弱势，可谓阴阳颠倒，家教家风都是背道而驰的。作为母亲来说，她付出最多，却得不到丈夫和儿子的认可，反而招致怨恨，她的内心也会很委屈。她想不明白自己到底错在哪里。从亲子心理的角度来看，母亲强势只是表面现象，她的内心恰恰是焦虑和没有安全感的，她只有把家里所有人、所有事情掌控在自己手里才能安心。但这样的母亲很难看清自己的状态，直到丈夫和儿子出现重大身心问题。但就算家人出现重大身心问题，她也很难反思自己，她的全部心思会放在如何帮助家人解决问题上。有人是不撞南墙不回头，强势的母亲可能撞了南墙也不会回头。

曾有好些先生不是"妈宝男"，但也向我求助，希望我能影响他的妻子，带动她学习，不要活得那么紧绷和劳累，让大家都能轻松一点。我通常会这么回答他们："这个事情特别难，因为学习成长必须得她自己有意愿，我只能尽力而为。"其实，办法还是有的。丈夫可以自己学习，让自己绽放出生命光芒，就会有足够的心理能量不被妻子的状态所影响，同时还会有足够的智慧在日常生活中关注她的内心需要，用爱帮助她卸下坚硬的铠甲。当铠甲卸下来，妻子就自然会关注到自己的身心状态，愿意为了自己的身心和谐而学习成长。

畸形的恋父情结产生的原因通常是父亲过于优秀，对女儿又过于爱护和宠溺，父女之间的交流非常融洽和密切，导致父亲的形象在女儿的心目中既高大又很有温情，女儿在心理上对父亲产生超乎寻常的崇拜感和依恋感，不知不觉中女儿就会在心中将父亲作为自己以后选对象的模板。这样的女孩在婚恋中表现出未成年的状态，以自我为中心，刁蛮任性。

有畸形的恋父情结的女孩到了恋爱的年龄后，会以父亲为模板找对象，恋爱过程中要求男朋友像父亲那样成熟稳重，拥有广博的学识和擅长为人处事的能力，最后女孩往往找了年龄比自己大很多的人结婚，婚姻生活才会比

父母活得精彩，孩子才能绽放生命之光

较顺利，因为大龄的丈夫有足够的胸怀和心理能量包容她，就算她想吵架也吵不起来。

有些女孩可能遇到很爱她的同龄男朋友，男孩为了达到女孩的要求，会很努力地表现，过程中难免遇到女孩无意中流露出来的任性，但男朋友因为爱忍了下来。终于，女孩觉得男朋友有点像父亲那样优秀，能够很耐心地呵护自己，便放心地跟他结婚了。有了孩子之后，当了妈妈的女孩仍然没有长大的迹象，什么事情都要丈夫拿主意，表现出没有独立人格的状态，丈夫很累很辛苦。有的丈夫在忍无可忍之后开始"叛逆"，不再满足女孩的各种要求，甚至还会实话实说，指出女孩的问题，争吵不可避免。有的丈夫虽然辛苦，但仍然压抑着自己去承担女孩父亲的角色，内心期待女孩在某一天会长大，在家庭生活中胜任妻子和母亲的角色，最终因身心疲惫累倒，女孩不得不扛起一个家的责任，被迫长大。

在女儿吃苦的时候，父亲很可能想不到是自己当年的养育方式造成的，不一定清楚女儿对自己的依恋状态是否已经逾越了亲子的关系，也不知道父亲伟岸的形象在女儿心里太重的分量会变成沉甸甸的包袱，将来很有可能造成女儿畸形的恋父情结。相反地，父亲很可能会对女儿的崇拜和依恋甘之如饴。

凡事以中为度，中的意思是不偏。父亲在养育女儿的过程中，既要有温暖的呵护，也要教会女儿为人处事的原则，学会承担人之所以为人的责任，做一个人格独立的人。更重要的是，父亲在家庭生活中要关爱妻子，在亲子关系上，妻子第一，女儿第二，和妻子共同养育女儿，让女儿既感受到父亲的阳刚力量，又能感受到母亲的柔和能量，从而养成健全的人格。

在父女关系上，母亲是旁观者。如果观察到丈夫对女儿的宠爱有点过度，可以温柔地提醒丈夫，多关心他，把他的注意力分散到自己身上来。同时，自己要和女儿保持密切的沟通交流，多和女儿互动，让女儿有机会看到自己的为人处事方式，潜移默化地影响她。如果母亲完全无法影响父亲对女儿的不当养育方式，跟女儿的关系也不亲近，说明母亲需要学习成长，母亲的成长将能带动一家人的调整改变。

总之，畸形的恋父恋母情结，对孩子而言是一种心理灾难，父母也无法在这种灾难中置身事外，一家人的幸福很难实现。《周易》家人卦的象词中这样解释家人卦："家人，女正位乎内，男正位乎外。男女正，天地之大义也。家人有严君焉，父母之谓也。父父，子子，兄兄，弟弟，夫夫，妇妇，而家道正。正家而天下定矣。"象词中这段话的大意是：在一个家庭里，女人的正位是主内，男人的正位是主外。男女据此各尽其责，是天经地义的。而父母如同这个家里有原则的君王，负责使父子、兄弟、夫妻都能在这个家庭中各尽自己的职责，这就是家庭的正道。家庭安定了，天下就安定了。虽然这已不完全适合现今的社会情况，但仍有一定合理性。因此，不仅为了孩子，也为了自己，为了给社会增加正能量，父母在养育孩子的过程中摆正跟伴侣和子女的关系，既要有关爱，又要有原则。丈夫不能有了女儿就忘记妻子，把妻子放在第一位、女儿放在第二位才是符合家道的做法；父亲不能过于溺爱女儿，更加不能在肢体上跟女儿过于亲昵。妻子在丈夫面前不能太强势，不论自己能力有多强，都要给丈夫承担家庭责任的机会，尊重丈夫对家庭的付出；母亲在家里一定不能太强势，要给孩子足够的成长空间。

如果孩子的状态已经出现偏差，要及时修正。父母首先要反思夫妻关系是否出现问题。一般来讲，夫妻关系顺了，与子女的关系也就正了。从亲子心理的角度来看，父亲过于宠爱女儿，母亲过于强势，其内在都是有认知和心理上的偏差的，父母都需要积极主动学习，回归到父母的正常位置。如果父母本人就有畸形的恋母或恋父情结，则需要深入潜意识进行处理。修复了心理上对母亲或父亲的偏差，才能在夫妻和子女关系上归位。

是我扼杀了儿子的成长

我的表现跟老师在课堂中讲解的畸形的恋母情结一样，我是一个强势的妈妈，压制了自己的家庭，让家庭的正能量得不到提升。儿子虽然反抗我，但是做什么事情都会问我的意见，一边反抗一边询问我的意见，非常矛盾。连家庭甚至家族的事情我都要过问，总是以为他人好作为出发点去干涉他们，给他们意见，总想别人按自己的意见去做。没想到这种行为会对孩子造成重大影响，让儿子产生了畸形的恋母情结。是我扼杀了儿子的成长，总是以爱的名义去干涉他，没有让他独立发展，让他成为"巨婴"。学了这课，我将开始进行修正。相信亡羊补牢，为时未晚。

感谢老公像父亲一样包容我

印象中我跟爸爸的关系很好，高中时爸爸会骑自行车送我去学校，我会抱着爸爸的腰，我们一路有说有笑。这让同学们误以为我们是情侣关系，还在取笑两个人年纪相差那么大。我跟他们说那是我爸爸，同学们很羡慕，说父女关系那么好。在家里爸爸会把所有的事情都安排好，妈妈就像一头勤奋的牛，很认真工作，但是不理家里的事情，套被子都是爸爸做的。现在想想，我找的老公跟爸爸是有点相似的，套被子也是老公做，我很多事情都会问老公的意见，每天买菜都要打电话给老公，老公说你想买什么都可以，但是我还是会打电话，幸亏老公不觉得我烦。现在想想很幸运遇到了这么包容我的老公。我是很幸福的，有两个可爱的儿子，有待我像待女儿一样的婆婆。所以我要珍惜自己的生活，不断学习，不断成长。

看到了就要去改变

刚结婚时，我以为老公只是很孝顺自己的父母，慢慢觉得老公就是个

"妈宝男"，因为婆婆太强势了。而我自以为自己能量弱，不可能是强势之人，没想到后面慢慢发现自己也是强势的。正因为婆、媳都强势，慢慢地婆媳关系恶化，夫妻也矛盾四起，这些年积压了很多对公婆和老公的怨恨和愤怒。既然看到了自己的这个问题，就要去改变，以后少对孩子控制、打压和嫌弃。

 亲子心理探秘实践

请结合本节内容，剖析一下自己对孩子的养育方式是否导致她/他产生了恋父或恋母情结？如果有，请写出调整思路。

第 21 天

找回自己，从心出发

　　我们上有父母，中间有伴侣，下有儿女，哪一层的关系都不容易处理，但如果我们能找回自己，从心出发，就能运筹帷幄，改善所有关系。

　　找回自己与自我成长，到底有什么关系呢？

　　多年的咨询实践经历让我看到这样一个规律：在咨询的初期，来访者通常会说，我不知道孩子为什么会变成这样，我也不知道自己怎么活成现在这个样子，我不知道该怎么办，我不知道自己想要什么，我也不知道怎么成长自己……在咨询的中后期，几乎每个来访者都会有类似的发现：我全部心思都在家人和工作上，把自己忘了；我小时候太没用了，我不喜欢这样的自己；我容易受家人影响，我没有自我了……人之所以会被家庭三代亲子关系、夫妻情感关系中的问题所困住，呈现出焦虑迷茫、委屈压抑、烦躁易怒、夜不能寐、内心空虚、身体沉重等情况，是因为把自己给弄丢了，也叫失去自我。失去自我的人面对家庭关系和亲子教育问题时会感到束手无策，找不到有效的解决问题的思路和方法。那么，什么是自我？或者说我是谁？这是哲学三大问题之一，也是我们在咨询中经常会遇到的问题，在本书的最后一天，我们似乎无法回避这个问题。

　　我曾在一个家长读书会上遇到资深的家庭教育专家哈老师，他说："探讨家庭教育，一定要回到人的本质上来。我问大家一个问题：'你们觉得人是一个有身体的灵魂，还是一个有灵魂的身体？'"我顿时眼前一亮，心有戚戚焉，觉得哈老师问得太好了。这个问题有点绕，但很有深意。大部分家长说："人是一个有灵魂的身体。"少数几个人说："人是一个有身体的灵魂。"还有些人在思考，没有回答。作为正在阅读的人，你的回答是什么呢？

　　我是少数几个人当中的一个，一开始认为人是一个有身体的灵魂，再细细琢磨，我认为人是一个有身体和灵魂的生命。苏联无产阶级革命家、教育家加里宁提出："教师是人类灵魂的工程师。"我想说："父母是孩子灵魂的工程师。"父母教育孩子的目标肯定不是分数，也不是身体，而是灵魂层面的成长。但"灵魂"二字究竟指什么？为此，我查阅了大量资料，发现对灵魂的描述有抽象性的——附在人的躯体上作为主宰的一种非物质的东西，对人的生命状态起主导性和决定性的因素；也有具体的——心灵、思想、人格、良心。结合抽象和具体的描述，可以得到一个通俗的定义——灵魂指的是人的内心状态，且对人的生命状态起主导性和决定性作用。《黄帝内经·素问·灵兰秘典论篇第八》有这么一段话："心者，君主之官也，神明出焉。"有人这样解释：心是人体的君主，它发号施令，管理人体的生命活动和精神意识。我认为这个解释很有道理，这里对心的描述和灵魂的含义是一样的。如果用一个字来描述灵魂，那就是"心"，如果用两个字描述，那就是"心灵"。当然，这个"心"不是物质上的心脏，而是指良心、心情、心态、心声、心理。

　　关于对心的认知和应用，我们在日常生活中并不少见，比如做了坏事时，别人会骂："你有没有心啊""你的心是黑的""你的心是石头做的""你的良心被狗吃了"等等；做了好事时，别人会夸："你是个好心人""你是个热心人""你人美心善""你心地真好"等等；被人伤害特别难过时，会说"我的心已经死了"等等。可见，在我们的生活中，心一直起着主导作用。心里不痛快，身体也会跟着出问题，这样的例子太多了，如心里愤怒，肝会不舒服；心有怨气，胃不舒服；心有悲伤，肺不舒服。如果心出了问题，只治疗身体也是无法真正痊愈的，故有"心病还须心药医"的说法。再来看看这个"神"字，我们的日常语言中同样很频繁地在用着，如"走神了""心神不宁""神采奕奕""传神""有神韵""形神皆备""形似神不似"等等。很显然，这个"神"的含义并非宗教意义的神，而是代表着人的生机和活力，是一种高能量心境状态的体现。是故，抑郁的孩子两眼无神，整个人精神萎靡；心态阳光的孩子眼睛炯炯有神，整个人神采奕奕。此时此刻，我们也可以去照一下镜子，看看自己是什么状态，再去观察一下孩子，看看孩子们是什么状态。如此，大家是否可以感觉到，心理学并不高深莫测，恰恰是与我们的日常生活有着紧密联系的学问呢？

"身心分离"四个字听着可能会让人不安，但这个现象却非常普遍。心主喜，就像生命的发动机，身心分离意味着身体和心的连接是断开的，身体得不到喜悦能量的滋养，会感觉烦躁，浑身不舒服，沉重，还可能有莫名的疼痛，白天犯困、容易疲惫，晚上睡着困难。从心情层面来看，身心分离状态会让人容易感觉委屈压抑、紧张焦虑、烦躁易怒、心里空落落的、莫名不安等；从生理层面来看，身心分离会让人感觉一片混沌、一团糨糊，神经紧绷而无法放松，无法专注和别人探讨问题，遇到事情容易胡思乱想，且尽想一些负面的东西，遇到难题总觉得是别人没做好导致自己受苦受难，喜欢找别人的问题，不知道什么是爱。

为什么人会出现身心分离现象呢？这跟人的防御机制有关。感受是心在位的体现形式，是连接身和心的纽带，当我们的大脑不想面对痛苦，就会本能地启动防御机制，刻意忽视那个痛苦，久而久之，感受力就越来越弱，直至消失，身和心就这样分离开来。身心分离发生的原因可能是胎儿时期遇到父母或其他家人的嫌弃，也可以是在成长过程中被父母或其他家人嫌弃或忽视，或者被寄养。身心分离的程度因人因事而异，但有个明显的特点是对内看不到自己，对外无法与别人亲近，包括自己的父母、孩子和伴侣。这就是我们很爱孩子，为了孩子付出了巨大的心血和努力，把最好的都给他，但孩子还不领情，甚至还出现心理问题的原因所在。身心分离状态下的爱是走脑不走心的，不仅伤人，也伤害自己。亲子问题的产生几乎都与此有关。

回顾过去，我经历的身心痛苦真的不少，在胎儿时期就因妈妈不想要我而经历巨大的痛苦，出生时又因是女孩而被嫌弃，此后经历了长达30多年身心分离的状态。李老师讲过的二胎现象，如体弱、自卑、不敢见人、弱能量状态在我身上都有。我从小体弱多病，喝了很多很苦的中药，打屁股针更是打到我内心无比恐惧，即便是长得弱不禁风，但要干的农活一样不少。我从小很爱哭，容易委屈，爱生闷气。我精气神也不大好，一学习就犯困，学习也做不到像别人那样长时间学习。我还恐高、恐水，站在高处腿发软，不敢靠近栏杆看下面，我走在桥上，都害怕桥会突然断裂，自己会掉下去被水淹死。在游泳池，只要水超过胸部，我就紧张得要命。我曾经害怕讲台，一想到要上讲台，浑身开始紧张，心跳得很快，很怕自己说得不好。我从小就怕黑怕鬼，害怕一个人睡觉，成年后也是如此，晚上一个人睡就会疑神疑鬼，不敢关灯。我做事特别认真，追求完美，做国学教育时，学得越多内心越焦虑，害怕误人子弟，对儿子越来越没有耐心，甚至对他生气发火。在35岁左右，我就感觉身体状况很不好，讲话超过1小时就耳鸣，走路像老太太那样上不来气，想休息又不敢休息，心里感觉特别迷茫，不知道人活着有什么意义，未来又该何去何从……

很多人没有体会过内心的喜悦，觉得生活就该是烦恼痛苦的。更多人一辈子泡在负面情绪里努力追求物质上的幸福生活，临到终了也没尝到幸福的滋味。我不是这样的人，我从小就不甘心一辈子活在烦恼痛苦中，也不认为物质上的东西可以解除我内心的烦恼痛苦，我始终相信人间存在长时间的纯粹的美好和幸福的生活状态，因为我的生活中除了痛苦以外，也出现过美好的场景和幸福的感受。为了实现向往的常态化美好生活，我在痛苦和迷茫的刺激下遵循了内心的愿望，和伙伴创业，放弃国学书院，专注做亲子心理学工作。对我而言，每个阶段的改变都是痛苦促成的，改变之后我也从未后悔过。而且，一旦我做出改变，都能遇到帮助，最终找回自己，从心出发，品尝到幸福的人生。

每个人都值得拥有常态化的喜悦幸福的生活。在十年的学习和实践中，我发现追求幸福的过程就如这句话说的，"众里寻他千百度，蓦然回首，那人却在灯火阑珊处"。37岁那年，我在觉知训练课上体会到了"爱"是什么。当时，我通过觉知，感受到胸口是硬邦邦的，像块钢板。接着感觉到恨的能量，我陪伴着这种能量，陆续看到了小时候被别人奚落、幼儿时期被人掐屁股、半夜出生在地上不受家人待见的场景，我的双手紧紧抱着身体，整个人紧缩成一团。当我感受到妈妈的痛苦时，终于哭了出来。哭是宣泄痛苦能量的极佳途径，我在觉知中看着自己哭，越哭身体越放松，胸口也感觉越来越通畅，然后感觉到胸口出现一个特别舒服的点，这种舒服感逐步扩散到全身，哇！真的太舒服了！我知道，这就是爱的感觉。我也确信，这种感觉就是幸福感，它非常纯粹，与任何物质的东西都无关。我也感悟到爱是从自己的心里来的，不是从外面求来的！褪去怨恨的外衣，就能感受到来自内心的爱！原来爱不是嘴上说说的抽象名词，而是一种实实在在能感觉到的能量！后来，我又通过静心课体验到了更多爱的真相：万事万物的本质都是爱，我们每个人的本质也是爱，我们的内心跟爱是相通的，只要敞开自己的心，穿越各种负能量，就能感受到无处不在的爱。难怪，繁体字"愛"字是带着"心"的。既然万事万物的本质都是爱，那么，爱就是解决问题的最佳方式，带着爱解决问题，无往不利。经由这个过程，我彻底找到了打开烦恼痛苦之锁的钥匙，有信心实现小时候追求的常态化的美好生活。

当内心的爱被激活，我在持续的学习实践中逐渐变得身心合一。身体变得通畅、轻松、柔软，讲几个小时的话也不觉得累；眼睛也从以前的睁不开变得更大，更有神采，皮肤变得光亮，睡眠质量也变好了；内心的委屈和压

找回自己，从心出发

抑越来越少，感觉到喜悦的时间越来越长，心里有一种安定自在的感觉，遇到事情不再急躁，也懂得体会自己和他人的感受，不再揪着别人的问题不放。最重要的是，我感觉内心的空间越来越大，可以容纳更多的人、事、物。我的大脑不再是一团沉重的糨糊或乱麻，而是有一种清明感，很放松。思考问题时更有创造性，更多正面利他思维，解决问题时常有灵感涌现。做事专注度更高，效率也提升不少。真应了这句话，"身心和，百物皆化"。

找回了心后，我不断给自己按确认键，人变得越来越自信，在家庭生活中开始从心出发。我婚后和公婆一直住在一起，也有矛盾冲突。当我越来越喜欢自己时，发现婆婆是个很好的人，她以前对我不满是因为我太冷漠了，看不到她的付出。当我说话做事有了温度，婆媳关系自然变得很融洽。因为我对爱的体会和感悟，我和丈夫在不惑之年品尝到了比初恋还甜蜜的感觉，我们彼此灵魂独立，又能互相支持和关爱，还能像小孩子一样玩在一起；因为我对生命以及生命成长规律的了解和理解，我和儿子没有了代沟，交流很顺畅，他不仅能照顾我，又能在我面前撒娇，表达他的需求，他还热心地找我帮助他有心理困扰的同学和朋友。

爱别人并不是一件辛苦或痛苦的事，因为真爱由心而发，首先滋养的就是我们自己的身心。在活出爱的实践中，我自己是最大的受益者。我的来访者和一起学习的同学们都说我"逆生长"，说以前的我很冷淡、面无表情，现在的我很阳光、有亲和力。我的来访者也同样在学习实践的过程中变得越来越有爱，生命之花得到绽放。

事实证明，缺爱是个伪命题！所谓的缺爱，本质上是我们与自己内心的爱失去了连接，感觉不到而已。所以，我们的咨询目标不是解决问题，而是激活来访者内心的爱。如果我们完全理解了今天的内容，也可以主动激活自己内心的爱。激活自己内心的爱简称"爱自己"。爱自己的意思是看到自己时心里是喜欢的、高兴的。当然，在喜欢自己之前，我们得看到自己内心的各种痛苦，用觉知把心里的负能量转化成正能量。同时，我们还要看到自己的美好，不断给自己的美好按确认键。当内心的正能量越来越多时，我们的身心也会越来越放松，对爱的感受力就会越来越强。

　　古人说，学无止境。我说，活出爱的实践也是无止境的。因为，我们的潜意识里都积压着不少的烦恼、痛苦，这些痛苦会陆续被当下生活中的类似事件激活，从而让我们再次经历痛苦，这可能会让我们怀疑学习是否有效，怀疑自己是否真的有成长。一旦我们在痛苦中再次迷失，就可能会失去活出爱的信心，这样的阶段，我也经历过，好在有老师带领，我才得以在爱的路上持续前行。实际上，在活出爱的实践过程中，痛苦是相伴而来的，因为痛苦的背后就是爱。直面痛苦，用觉知四部曲转化痛苦，就是在与爱连接。让我们一起将爱进行到底吧，活出爱，成为爱。

成长自己，助己助人

经过21天的梳理和学习，我发现自己以前不愿意面对、不敢面对的事情，现在我都能勇于面对了。透过现象看本质，当我不断去面对曾经不愿意面对的事件，再次经历事件、感受事件带给我的情绪的时候，我逐渐看清本质，看到我才是问题的根源。找到根源，看清真相后，我释怀了，不再纠结，不再紧抓那个小我，格局变大了。面对问题时，我的觉知力也提高了，能及时刹车、转念，可以比较平和地解决相同的问题。虽然每一次梳理，我又重新经历了一次痛苦，可就是再次的经历才让我更清晰地看到问题的根源，才能更高效地解决自身的问题，提高解决问题的能力。也点赞自己认真踏实地坚持了21天。成长自己，助己助人。

儿子说爸爸真牛

经过系统的学习，我现在基本上可以处理好家庭关系，看见家庭关系背后的心理因素，与妻儿之间的关系在一步步改善。儿子现在不管是开心的还是不开心的都会主动与我分享，对我的信任感增强了很多，不时会来句："爸爸真牛，啥事到他那都不是事"。当然，虽然我有一定解决问题的能力，但有时还会被潜意识拉回去，这点主要体现在与妻子的关系上，因为我的索爱心理很强，自行调节能力较差，这是我当下所修的重点，也是控制了我几十年的婚姻生活，并且曾对我造成巨大的伤害。

我的家庭越来越和谐

以前，我看到的几乎都是孩子的缺点和做得不好的地方，而能做到的部分却被我认为那是必须的，难怪儿子后来都不愿意跟我交流。凡此种种，让我真正看到了在养育孩子的过程中自己的无知和过失，看到了儿子的一切问题皆是我造成的。作为父母，什么时候都得学习，什么时候学习都不会太晚。也正是因为参加了学习，我改变了自己在育儿方面的错误做法，亲子关系正在不断地改善，儿子状态越来越好，家庭越来越和谐。

❤ 亲子心理探秘实践

请回顾全书阅读过程，从亲子心理学的角度，总结内心感悟和家庭教育实践的收获。